논·술·세·계·대·표·문·학

44

노트르담의 꼽추

빅토르 위고 | 이경애 엮음

H 훈민출판사

파리 오페라하우스의 지붕

The Best World Literature

파리의 센 강과 노트르담 성당

위고의 캐리커처

노트르담 남쪽 면의 플라딩버틀레스

노트르담 성당의 입구

파리의 개선문

파리의 에펠탑

파리의 뤽상부르 공원

파리 몽마르트르 언덕의 아마 화가들

The Best World Literature

파리의 콩코르드 광장

파리의 회머 광장

구인환(丘仁煥)

서울대학교 사범대학 졸업. 동 대학원 졸업(문학박사)
서울대학교 명예교수, 소설가(현). 서울대학교 사범대학 국어교육연구소 소장(현)
문학과문학교육연구소 소장(현). 국제펜 한국본부 부회장(현)
한국소설문학상(1987). 예술문화대상(1994). 한국문학상(2000)
작품 〈숨쉬는 영정〉, 〈살아 있는 날들〉, 〈일어서는 산〉 외 다수

• **저서** 《한국단편소설의 이해》, 《한국현대소설의 비평적 성찰》,
　　　《고교생이 알아야 할 소설》, 《고교생이 알아야 할 세계단편소설》 외 다수

윤병로(尹柄魯)

성균관대학교 국어국문학과 졸업. 동 대학원 졸업(문학박사)
성균관대학교 교수, 문학평론가(현). 한국현대소설학회장(현)
한국문예학술저작권협회 이사(현). 한국간행물윤리위원회 위원(현)
한국펜 문학상(1987). 한국문학상(1988). 대한민국문학상(1989)
수필집 《나의 작은 애인들》 외 다수

• **저서** 《현대 작가론》, 《한국 현대 소설의 탐구》,
　　　《한국 근대 작가 작품 연구》, 《한국 현대 작가의 문제작 평설》 외 다수

홍성암(洪性岩)

고려대학교 국어국문학과 졸업. 한양대학교 대학원 국어국문학과 졸업(문학박사)
동덕여자대학교 교수, 소설가(현). 한국문인협회 회원(현)
한국소설가협회 이사(현). 국제펜 한국본부 소설분과 이사(현). 한민족 문화학회 회장(현)
창작집 《큰 물로 가는 큰 고기》, 《어떤 귀향》 외
대하역사소설 《남한산성》 (전9권) 외 다수

• **저서** 《문학의 이해》, 《현대 작가론》, 《한국 근대 역사소설 연구》 외 다수

기획 · 감수

파리의 바스티유

논술 *세계대표문학*을 펴내며

21세기의 사회는 '전자 문명 시대'라 일컬어질 만큼 오늘날 전자 산업은 우리 생활의 거의 모든 분야에 다양하게 응용되고 있습니다. 출판 분야 또한 예외는 아니어서, 종래의 서책(Book) 대신에 이른바 '전자책(CD-ROM)'의 출간이 최근 들어 날로 증가하고 있습니다.

그러나 이러한 전자책은 영상 또는 모니터상으로 흥미 위주나 백과사전식 지식을 습득하는 데는 효과적일지 모르지만, 문학 공부를 위해서는 별로 도움이 되지 않습니다. 바꾸어 말하면, 문학 공부는 각 지면마다 살아 숨쉬는 표현 하나하나를 독자 자신의 머리로 음미하면서 작품을 읽어 나가는 가운데, 풍부한 상상력의 배양과 함께 작가의 의도와 그 작품의 내면을 깊이 있게 이해함으로써 이루어지는 것입니다.

이에 훈민출판사에서는, 자라나는 학생들이 범람하는 영상 매체에 길들여지기 전에, 어려서부터 유명한 세계문학 작품들을 책자를 통하여 감명 깊게 읽고 감상함으로써, 올바른 문학 공부의 기틀을 다지고, 아울러 전인 교육도 할 수 있도록 《논술 세계대표문학(전60권)》을 펴내게 되었습니다.

작품 선정은, 초·중·고등학교 국어 교과서와 역사 교과서에 실리거나 소개된 문학 작품을 중심으로 하되, 그리스 신화와 성경 이야기 등의 고전에서부터 중세·근대·현대에 이르기까지 세르반테스·셰익스피어·톨스토이 등 세계 유명 작가들의 장·단편 소설들을 엄선·수록하였습니다. 또 세계의 명시도 별권으로 엮었으며, 특히 각 단락마다 '논술 문제'를 제시하여, 장차 대학입시를 비롯한 각종 '논술 고사'에 예비 지식을 쌓을 수 있도록 배려하였습니다. 아무쪼록, 이 《논술 세계대표문학(전60권)》이 자라나는 학생들에게 문학 공부의 주춧돌이 되고, 나아가 미래를 살아가는 데 **정신적 자양분**이 되기를 진심으로 바라 마지않습니다.

훈민출판사

차례

노트르담의 꼽추

위 고

지은이

1802~1885년. 프랑스 브장송에서 출생. 1831년 〈노트르담의 꼽추〉 등을 발표한 이후 10여 년 동안 작품 활동을 중단했다. 그 동안 국민의회 의원으로 선출되어 무상 교육과 투표권 확대를 위해 힘썼으며, 루이 나폴레옹을 반대하는 입장을 취하는 등 활발한 정치 활동을 펼쳤다. 이어 1851년 루이 나폴레옹이 황제를 자처하자, 1870년 프랑스로 다시 돌아오기까지 20여 년 동안 망명 생활을 한다.

망명 생활을 하면서 훌륭한 작품을 많이 썼는데, 서정 시집인 〈관조 시집〉, 서사시의 걸작인 〈세기의 전설〉, 〈징벌 시집〉 등과 〈장발장〉 등을 집필하였다.

노트르담의 꼽추

시인과 거지

1482년 1월 6일 새벽, 프랑스 파리의 센 강 가운데 있는 시테 섬에서 종소리가 들려왔다. 그와 함께 모든 대학과 거리에 있는 종들도 일제히 소리를 내기 시작했다. 파리 시민들은 그 소리에 잠을 깼다.

이 날은 예수 그리스도가 서른 번째 생일에 세례를 받고 하느님의 아들로서 세상에 나타났음을 기념하는 주현제 날이었다. 게다가 파리 시민들이 한바탕 흥겹게 즐길 수 있는 광인절이기도 했다.

광인절은 주현제에 모인 사람 가운데 가장 추악한 인상을 가진 사람을 뽑아 하루 동안 교황으로 모시는 날이었다.

이 날 그레브 광장에서는 불꽃놀이가 벌어지고, 브라크 성당에서는 식목제가 열린다. 또 재판소에서는 연극이 공연된다.

시에서는 이러한 행사에 대해 그 전날 이미 공고를 했으므로, 파리 시민들은 종소리가 울리자마자 거리로 쏟아져 나왔다.

그들 중 많은 사람들이 재판소가 있는 거리로 향했다. 이틀 전에 도착한 플랑드르 사절단이 재판소에서 공연될 연극과 광인 교황 선발식을 구경할 것이라는 소문을 들었기 때문이다.

플랑드르 사절단은 프랑스의 샤를 황태자와 플랑드르의 마르그리트 공주의 약혼을 성사시키기 위해 만들어진 것이었다.

사람들은 끊임없이 재판소 쪽으로 몰려들었다. 그러나 대부분의 사람들은 안으로 들어가지 못하고 재판소 앞 광장에 모여 있었다.

재판소 안 가장 넓은 방에는 훌륭한 대리석 단이 놓여 있다. 그 단 위에서 연극이 공연되었는데, 연극을 하는 동안 그 네 귀퉁이를 법원의 관리들이 지켰다.

연극은 사절단의 일정에 맞추어 열두 시에 시작하기로 되어 있었다. 시간이 갈수록 광장에는 사람들이 들어찼고, 나중에는 서 있기조차 힘들었다.

서로 밀고 밀리면서 사람들은 플랑드르 사절단과 파리 시장을 욕했다. 법원장이나 추기경, 플랑드르의 마르그리트 공주, 교황을 욕하기도 했다. 또 몽둥이를 휘두르는 재판소 관리나 날씨, 굳게 닫힌 문에 대해 욕을 하기도 했다.

그 가운데 한 사람이 원기둥 머리 장식에 매달려 있는 학생을 향해 소리쳤다.

"아니, 자넨 장 프롤로 뒤 물랭이군! 그러고 있으니까 팔다리가 영락없이 바람에 돌아가는 풍차 날개 같군!('물랭'의 뜻이 풍차인 것을 빗대어 하는 말)"

그러자 장 물랭이 재빨리 되받았다.

"제기랄! 벌써 네 시간째 이러고 있자니 죽을 맛이군. 이런 정성이면 나중에 지옥에서 치를 고생이 좀 덜어질까?"

"미사 한 번 드리는 데 무려 1천 리브르나 쓰면서 이렇게 늑장을 부리다니, 말이 안 되지! 그게 다 우리 같은 가난뱅이가 시장에서 생선 판 돈을 거둔 건데!"

창 아래쪽에서 한 노파가 외쳤다.

"그만해요. 폐하가 미사를 드리는데 그깟 몇 푼 안 되는 돈이 그렇게 중요해요? 설마 폐하께서 다시 병환이 나길 바라는 건 아니겠지?"

노파의 말을 받은 사람은 술통처럼 배가 나온 남자로, 왕실에 모피를 대주는 질 르코르뉘였다.

"옳은 말씀이구려, 뿔 달린 광대 나리!(그 이름의 뜻을 빗대어 하는 말)"

장 물랭이 비웃듯 맞장구를 쳤다.

장 물랭의 과장된 표정과 비꼬는 말투에 주위에 있던 학생들이 웃음을 터뜨렸다. 그러자 모든 사람들의 눈길이 그에게로 쏠렸다.

질 르코르뉘는 얼굴이 빨개진 채 주위의 눈치를 살폈다.

"어른을 놀리다니, 그게 무슨 말버릇이야! 옛날 같으면 몰매를 맞았을 텐데!"

곤경에 빠진 질 르코르뉘를 도와준 사람은 몸집도 나이도 그와 비슷한 앙드리 뮈스니에였다.

"재수없이! 이게 뉘 집 강아지 짖는 소리야?"

장 물랭이 지지 않고 빈정거렸다.

그 뒤를 이어 학생들이 기다렸다는 듯 아우성을 치기 시작했다.

"아, 난 또 누구시라고! 대학 서점 주인이신 앙드리 뮈스니에 나리 아닌가!"

"이봐, 그러다 책방에 불이라도 나면 어쩌려고 그래?"

"불난 김에 몇 개 안 남은 당신 머리카락도 태워 줄까?"

학생들이 퍼붓는 말에 뮈스니에는 얼굴이 붉으락푸르락했다.

"못된 놈들!"

그런 난장판 속에서 한 학생이 소리쳤다.

"저기 티보 총장이 간다! 광장을 지나가고 있다!"

그 소리에 모두 광장 쪽을 바라보았다. 그 학생의 말대로 대학 직원들을 거느린 티보 총장이 사절단을 맞이하기 위해 광장을 지나가는 것이 보였다.

"늙은 바보 총장, 안녕! 노름에 빠져 햄쑥해진 그 얼굴을 하느님이 지켜 주시기를!"

"노름판의 총장 나리, 그렇게 나귀를 타고 어딜 가시는 거요?"

"아, 말세로구나!"

뭐스니에가 귀를 막으며 중얼거렸다.

그러나 학생들은 신이 나서 더욱 큰 소리로 떠들어 댔다.

"자, 이번에는 신학자들이다!"

"뭐, 신학자들이야? 난 또 오리 떼가 가는 줄 알았지!"

"그런데 저 의사들은 누가 죽여 주지?"

"물론 악마들일 거야. 저런 작자들 피는 악마가 아니면 안 먹을 테니까."

학생들이 소란을 피우는 가운데 앙드리 뭐스니에가 질 르코르뉘에게 다가갔다.

"정말 큰일이에요! 어떻게 이럴 수가 있는지!"

그의 탄식에 모피 상인은 잠자코 고개만 끄덕였다.

그 때 열두 시를 알리는 종소리가 들렸다. 그러자 학생들은 재빨리 제자리를 찾아 움직이기 시작했다. 연극을 시작하기로 한 시각이었던 것이다. 사람들은 언제 그랬나 싶을 정도로 자세를 바로잡고 대리석 무대를 지켜보았다. 그러나 무대 위에는 아무 변화도 일어나지 않았다. 길게 드리워진 장막도 그대로 있었다.

새벽부터 사람들은 세 가지를 기다리고 있었다. 즉, 열두 시, 플랑드르의 사절단, 그리고 연극이었다. 그 가운데 정확하게 제 시간에 온 것은 열두 시뿐이었다.

시간은 자꾸 흘러가는데 아무도 나타나지 않자 사람들이 술렁거리기 시작했다.

"이게 뭐야? 연극은 언제 시작하는 거야?"

여기저기에서 불평이 터져 나왔다.

그 불평에 불을 지른 것은 다름 아닌 장 물랭이었다.

"플랑드르 놈들은 필요없다! 우리는 연극을 보러 왔어! 당장 연극을 못 하겠으면 법원장의 목이라도 매달아라!"

그는 몸을 비틀며 큰 소리로 외쳤다.

사람들은 그 소리에 박수를 쳤고, 대리석 탁자 귀퉁이에 서 있는 법원 관리들은 얼굴이 새파랗게 질린 채 서로 눈치만 살폈다.

그러는 사이에 학생들은 관리들을 떼밀며 대리석 탁자 위로 올라가려고 했다. 그 바람에 관중석과 대리석 탁자 사이에 있던 나무로 된 난간이 부러져 버렸다.

"꺼져라! 너희들은 필요 없어!"

자신들을 향해 쏟아지는 험한 소리에 관리들은 금방이라도 꽁무니를 뺄 만큼 겁을 먹었고, 사람들은 점점 더 흥분하기 시작했다.

그 순간, 계단 한쪽의 휘장이 오르며 한 사나이가 나타났다. 그는 조심스럽게 대리석 탁자 쪽으로 다가왔다. 관객들은 요술에라도 걸린 듯 잠깐 숨을 죽이고 그를 지켜보았다.

사나이는 방 안을 천천히 둘러보며 입을 열었다.

"신사 숙녀 여러분, 오래 기다리셨습니다. 오늘 추기경을 모시고 〈성모 마리아의 훌륭한 심판〉이라는 연극을 공연하게 된 것을 영광으로 생각하는 바입니다. 저는 주피터 역을 맡은 사람입니다. 지금 추기경은 보데 성문 앞에 계십니다. 대학 총장이 플랑드르 사절단에게 환영사를 하는 자리에 참석하고 계시지요. 하지만 곧 끝날 테니, 잠시만 기다려 주십시오."

주피터 역을 맡은 사나이는 말솜씨보다 입고 있는 옷이 볼 만했다. 그는 금빛 못이 박힌 검은 비로드 옷을 입고 있었다. 그 위에는 쇠사슬로 된 갑옷을 입고, 은단추가 달린 투구를 쓰고 있었다.

배우의 말이 끝나자, 사람들은 다시 소리를 질러 대기 시작했다.

"그래서 연극은 언제 한다는 거야?"

"당장 시작하지 않으면 추기경과 배우들의 목을 매달겠다!"

주피터 역의 사나이는 겁에 질려 두 다리를 부들부들 떨었다.

추기경을 기다리자니 관중들에게 화를 당할 것 같고, 연극을 시작하자니 추기경에게 혼이 날 것이 뻔했다.

이러지도저러지도 못한 채 쩔쩔매던 그는 갑자기 투구를 벗어 들더니 관객들을 향해 연신 절을 했다.

"추기경이 자리에 앉으시면……."

그는 땀을 뻘뻘 흘리며 더듬더듬 말을 이었다.

그 때 난간 한쪽에서 한 젊은 남자가 그에게 손짓을 했다. 헬쑥한 얼굴에 키가 크고 몸이 여윈 사나이였다. 그는 원기둥에 몸을 반쯤 숨긴 채 그를 향해 손짓하고 있었다. 하지만 주피터는 얼이 빠져서 그의 손짓을 알아보지 못했다. 할 수 없이 사나이는 대리석 탁자 곁으로 다가갔다.

"주피터!"

그러나 주피터 역의 배우는 그 소리를 듣지 못했다.

"이것 봐, 미셸!"

그제야 주피터 역의 사나이는 정신을 차리고 주위를 둘러보았다.

"누구요?"

"나야, 그랭구아르!"

"아, 선생님!"

미셸은 비로소 얼굴을 폈다.

"어서 연극을 시작하게. 뒷일은 내가 책임질 테니까……."

피에르 그랭구아르는 시인으로, 이번 연극 대본을 쓴 작가였다.

작가가 그렇게 말하자, 주피터 역의 사나이는 안심하고 목청껏 외쳤다.

"여러분, 지금 곧 연극을 시작하도록 하겠습니다!"

사람들은 일제히 환호성을 울렸고, 주피터는 휘장 안으로 사라졌다. 그랭구아르도 다시 기둥 뒤로 사라졌다. 그는 그 구석진 곳에 앉아 다른 사람들과 마찬가지로 연극이 시작되기를 기다렸다.

이윽고 연극의 시작을 알리는 음악이 휘장 뒤에서 들려왔다. 이어 휘장이 올라가고 울긋불긋하게 분장을 한 배우들이 단 위로 올라왔다. 모두 네 명이었다. 그들은 관객을 향해 허리를 굽혀 인사했다. 그 순간 음악이 멈추고 박수가 쏟아졌다.

연극이 시작되었다. 그러나 관객들은 극의 내용보다는 배우들의 의상과 그들의 과장된 언어와 몸짓에만 신경을 썼다.

첫 번째 막이 중간쯤 진행되었을 때였다. 한 거지가 관객들의 호주머니에서 재미를 못 보았는지 슬금슬금 무대 앞으로 나오기 시작했다.

그 거지를 발견한 장 물랭이 웃음을 터뜨렸다.

"하하하, 저 거지 좀 봐! 무대 앞에서 사업을 하고 있네!"

그 순간, 모든 것이 엉망이 되어 연극은 중단되고 말았다. 사람들의 눈은 일시에 거지에게로 쏠렸고, 피에르 그랭구아르는 분노로 온몸을 부르르 떨었다.

그런데 더욱 기막힌 것은 거지의 행동이었다. 그는 당황하기는커녕 오히려 기회를 잡은 듯 짐짓 처량한 표정을 지었다. 그리고 눈을 반쯤 감은 채 아주 구슬픈 목소리로 말했다.

"한 푼 보태 줍쇼!"

"저 친구 클로팽 아냐? 저런, 팔에 상처가 났군."

거지가 내민 때묻은 펠트 모자에 동전을 던지며 장 물랭이 말했다.

"한 푼 보태 줍쇼!"

거지는 다시 한 번 구슬프게 외쳤다.

장 물랭과 거지가 벌이는 소동에 잠시 한눈을 팔던 관객들은 다시 무대 위로 시선을 돌렸다. 관객들은 다시 연극을 하라고 소리쳤다.

그랭구아르는 몹시 화가 났다. 물론 그도 처음에는 어리둥절한 채 상황을 지켜보았다. 그러다 이내 정신을 차리고, 맨 먼저 무대 위를 향해 연극을 계속하라고 재촉했던 것이다.

배우들은 그 소리에 정신을 차리고 다시 연극을 이어 갔고, 관객들도 배우들의 대사에 귀를 기울였다. 그러나 그것도 잠시, 제2막이 시작되고 그랭구아르가 가장 중요하다고 여기는 대목에 이르렀을 때였다. 갑자기 귀빈석 문이 열리더니 문지기의 우렁찬 목소리가 들렸다.

"추기경 행차요!"

추기경을 위해 문이 열렸다. 그 순간, 그 때까지 그랭구아르가 기울인 노력과 자존심은 산산조각이 났다. 추기경의 등장은 그의 작품의 흐름을 끊어 놓았다.

이제 관객들의 시선은 추기경 쪽으로 향해 있었다. 배우들의 목소리는 아예 들리지도 않았다.

"추기경이다, 추기경!"

그 바람에 연극은 두 번째로 중단되었다.

문 안으로 들어선 추기경은 잠깐 걸음을 멈추었다가, 무심한 표정으로 관객을 한번 둘러보았다.

관객들은 또다시 웅성거리기 시작했다. 어떤 사람들은 추기경을 좀더 잘 보려고 발돋움을 하거나 높이 뛰어오르기도 했다. 존엄하기 그지없는 추기경을 구경한다는 것은 어떤 연극 관람 못지않게 흥미로운 일이었던 것이다. 특히 부르봉 추기경인 샤를은 리옹의 대주교로서 백작의 작위까지 갖고 있었다.

추기경은 미남인데다 호탕한 성격을 가지고 있었다. 그는 추기경이었으나, 금욕이라든가 검소한 생활과는 거리가 멀었다. 미사 때에는 남자보다는 여자에게, 늙은 여자보다는 젊은 여자에게 축복을 주었으며, 샬뤼오의 특산주를 즐겨 마셨다. 따라서 그는 파리 시민들에게 매우 유쾌한 사람이라는 인상을 주고 있었다.

추기경은 관객들을 향해 품위 있는 미소를 지어 보인 다음, 붉은 법의 한쪽을 거머쥐고 주홍빛 비로드가 덮인 의자를 향해 천천히 걸어갔다. 그 뒤를 수행원들이 따랐다.

이 날은 바로 학생들의 날이자, 광인절이자, 학교의 연례 축제일이었다. 따라서 학생들이 어떤 짓을 하든 탓하지 않는 것이 전통이었다.

학생들은 제각기 귀빈석의 사람들, 곧 검정 법의, 흰 법의, 또는 회색 법의를 골라 공격했다.

그런데 장 물랭은 대담하게도 추기경을 직접 쏘아보며 공격했다.

"추기경의 법의 자락은 포도주로 얼룩이 졌구나!"

그러나 추기경은 별다른 반응을 보이지 않았다. 이 날만큼은 어떤 방종도 너그럽게 허용되었기 때문이다.

그 때 문지기가 사절단이 도착했다고 알렸다. 추기경은 더할 수 없이 자애로운 미소를 띠고 문 쪽을 보았다. 관객들의 시선도 그쪽으로 향했다.

이윽고 사신들이 둘씩 짝을 지어 엄숙한 태도로 입장하기 시작했다.

모두 48명이었다. 그들은 하나같이 긴 비단옷에 금술이 달린 검은 비로
드 모자를 쓰고 있었다.

추기경은 사절단 앞으로 세 걸음 나아가, 약삭빠르고 교활한 인상을
하고 있는 한 사람에게 정중하게 인사를 했다. 바로 강 시의 참의원 기
욤 랭이었다.

기욤 랭에 대해 잘 모르는 사람이 보기에 그것은 지나친 친절이었다.
그러나 기욤 랭은 당시 유럽 최고의 음모꾼으로 알려져 있었다. 그는
루이 11세가 왕위에 오르는 데도 중요한 역할을 했는데, 워낙 하는 일이
은밀했으므로 파리 시민들은 그에 대해 잘 몰랐다.

광인 교황

추기경과 기욤 랭이 작은 목소리로 이야기를 주고받을 때, 체격이 건
장한 사나이가 귀빈석을 향해 성큼성큼 걸음을 옮겼다. 그는 마치 불도
그와 같은 인상으로 기욤 랭과는 매우 대조적이었다. 옷차림 또한 가죽
옷에 털모자를 쓰고 있어서, 비단옷을 입고 있는 다른 사람들과 비교가
되었다.

"이봐요, 어딜 가는 거요? 그쪽은 귀빈석이오."

문지기가 가죽 옷을 입은 사나이를 제지했다.

사절단이 아니라 마부나 그 비슷한 사람으로 착각했던 것이다.

"무슨 소리야? 자넨 예의도 모르나?"

가죽 옷을 입은 사나이는 오히려 문지기를 떼밀며 호통을 쳤다.

그 기세에 눌려 문지기는 추기경과 기욤 랭의 눈치를 살피며 조심스
럽게 물었다.

"성함은?"

"자크 코프놀."

"신분은?"

"강 시에 있는 트루아 세네트 옷가게 주인이야."

문지기가 말을 못 하고 우물쭈물했다. 사람들에게 옷장수 자크 코프놀이라고 소개할 수는 없었기 때문이다.

난처하기는 추기경도 마찬가지였다. 그는 사람들이 보는 앞에서 옷장수 따위를 맞고 싶지 않았던 것이다.

그 때 기욤 랭이 미소를 지으며 문지기에게 다가가 말했다.

"플랑드르의 참사관 자크 코프놀 나리라네."

그 말에 추기경이 반색을 하며 문지기에게 일렀다.

"어서 자크 코프놀 나리의 입장을 알리게."

그런데 그 말을 들은 자크 코프놀이 모두 들으라는 듯 큰 소리로 말했다.

"난 그냥 옷장수 자크 코프놀이야! 다른 건 필요 없어. 그러니 더 이상 붙이지도 말고 빼지도 말란 말이야! 왜 그냥 옷장수라면 안 되나?"

사람들은 일제히 웃음을 터뜨렸다. 박수를 치는 사람도 있었다. 문지기가 망신을 당하는 것도 재미있었지만, 무엇보다 자크 코프놀이 귀족들의 코를 납작하게 해 주어 통쾌했던 것이다.

자크 코프놀은 사람들이 지켜보는 가운데 추기경에게 제법 점잖게 인사를 했다. 추기경은 어쩔 수 없이 어색한 얼굴로 답례를 했다.

일은 거기서 끝나지 않았다.

주위의 일에 아랑곳하지 않은 채 여전히 구걸을 하고 있던 거지는, 추기경과 플랑드르의 사신들이 단 위의 귀빈석에 자리를 잡는 동안에도 '한 푼 줍쇼!'를 외치고 있었다.

그런데 공교롭게도 그 강 시의 옷장수가 바로 그 거지 위쪽 자리에 앉게 되었다.

자크 코프놀은 거지를 보자마자 그 어깨를 툭툭 건드렸다. 자신에게 많은 사람들의 이목이 집중되어 있다는 것을 알고 있었을 텐데도 그는 상관하지 않았다.

무심한 얼굴로 위를 올려다보던 거지는 깜짝 놀란 듯 눈을 크게 떴다.

"아니, 자크 코프놀!"

두 사람은 반갑게 악수를 하고 아무 거리낌 없이 이야기를 나누었다.

사람들은 이런 행동에 다시 환호를 보냈다. 그러자 추기경이 거지에게 눈길을 돌렸다. 그는 거지가 사신에게 구걸을 하고 있는 줄 알았다.

"여봐라, 저놈을 당장 내쫓아 버려라!"

그는 머리끝까지 화가 나서 큰 소리로 외쳤다.

"죄송하지만, 이 사람은 제 친굽니다!"

자크 코프놀이 거지의 손을 잡은 채 말했다.

추기경은 쓴웃음을 지으며 입술을 깨물었다. 그리고 옆에 있는 생트주느비에브 사제 쪽으로 몸을 기울이며 말했다.

"대공 전하는 참으로 어처구니없는 사신을 다 보냈군."

"그러게 말입니다. 저런 사람들 틈에서 자란 마르그리트 공주를 왕비로 모시는 일은 다시 생각해 봐야겠는데요."

추기경은 같은 생각이라는 듯 고개를 끄덕였다.

한편, 그랭구아르는 사람들의 관심이 온통 플랑드르의 사절단과 추기경에게 쏠리고 있는 가운데서도 연극을 계속 진행시키려고 애를 썼다. 그러나 관객들은 꾸민 이야기인 연극보다 추기경과 플랑드르의 사절단, 자크 코프놀과 거지가 보여 주는 생생한 이야기에 빠져들어 있었다.

그렇다고 그대로 주저앉을 수는 없었다. 그랭구아르는 마지막 수단을 쓰지 않을 수 없었다.

"어떻습니까, 처음부터 다시 해야 할까요?"

그는 관객 가운데 한 뚱뚱한 남자에게 말을 걸었다. 아까부터 눈여겨보아 두었던 사람이다.

"무슨 말씀이오?"

그 남자가 물었다.

"연극 말입니다! 어떻습니까?"

"괜찮겠지요!"

그 말에 용기를 얻은 그랭구아르는 무대를 향해 목이 터져라 소리쳤다.

"연극을 다시 시작하라!"

그러나 사람들은 별다른 반응이 없었다. 오히려 장 물랭은 욕을 했다.

"어떤 놈이 떠드는 거야? 연극은 벌써 끝났잖아!"

그들이 떠드는 소리는 추기경의 귀에도 들어갔다.

"대체 저자들이 뭐라고 떠드는 거야?"

추기경은 연극이 중단된 사실을 몰랐으므로, 그랭구아르와 장 물랭 사이에 오가는 말을 이해하지 못했다.

법원장은 당황하여 쩔쩔매며 연극을 먼저 시작할 수밖에 없었던 사정을 더듬더듬 이야기하기 시작했다.

그 말을 듣더니, 추기경은 호탕하게 웃었다.

"그런 경우라면 대학 총장님이라도 어쩔 수가 없었겠군. 기욤 랭 경, 어떻게 생각하십니까?"

"그런 보잘것없는 연극이라면, 반이라도 안 보게 된 걸 행운이라고 생각합니다만……."

기욤 랭이 빈정거리는 투로 대답했다.

"그럼 연극을 계속하라고 할까요?"

법원장이 조심스레 물었다.

"계속하시오. 난 아무래도 괜찮으니까."

추기경의 말에 법원장은 단의 가장자리로 나아갔다. 그리고 손을 흔들어 소동을 가라앉힌 다음, 연극을 계속하라는 명령을 내렸다.

그 명령에 따라 배우들은 연극을 계속하기 위해 무대 위에 올랐다.

그랭구아르는 연극이 처음부터 다시 시작되지 않는 데 대해 낙심하지 않을 수 없었다. 그러나 그나마 연극의 절반이 남아 있다는 사실에 완전한 실패는 아니라고 스스로 위로했다. 하지만 그 절반의 성공마저 보장할 수 없게 되었다. 왜냐하면 플랑드르의 사절단이 아직 절반쯤밖에 입장하지 않았던 것이다.

문지기는 사절단이 입장하는 대로 그 이름과 직함을 소리 높여 외쳤고, 그 소리는 배우들의 대사와 뒤섞여서 연극은 그야말로 엉망이 되었다.

연극 대사 사이사이에 이어지는 문지기의 외침은 그랭구아르를 깊은 절망 속으로 빠뜨렸다. 그렇게 수없이 끊기고 또 끊겼는데, 어느 누가 이야기의 앞뒤를 맞춰 이해하고자 노력하겠는가……. 결국 그랭구아르는 고통스러운 마음으로 그 동안의 모든 노력이 물거품으로 돌아가는 것을 지켜볼 수밖에 없었다.

그랭구아르는 도무지 눈앞에 벌어진 현실을 믿을 수가 없었다. 연극을 보려고 폭동까지 일으키려 했던 관객이 아닌가. 더 이상은 문지기의 거친 목소리가 들려오지 않았다. 배우들은 남은 장면을 있는 힘을 다해 연기하고 있었다. 그랭구아르는 맥없이 그들을 바라보았다. 이제 그에게는 기쁨이나 희망 같은 것은 남아 있지 않았다.

그런데 옷장수 자크 코프놀이 맥빠진 그의 심신에 최후의 타격을 가했다. 그는 갑자기 자리에서 일어나더니 관객을 향해 소리쳤다.

"파리 시민 여러분! 여러분은 이런 재미도 없는 연극을 보며 아까운 시간을 흘려보내고 싶습니까? 내가 듣기엔 오늘 광인 교황을 선출한 다고 하던데, 그거나 빨리 시작합시다. 여기서는 어떻게 하는지 모르겠지만, 우리 강 시에서는 판자에 구멍을 뚫은 후 여러 사람이 차례대로 그 구멍에 얼굴을 내민 후 인상을 찡그리게 합니다. 그 중에서 가장 흉측한 표정을 지어 보이는 사람이 그 날의 영광을 차지하게 되는 겁니다. 어떻습니까, 이 자리에서 당장 광인 교황을 뽑아 보지 않겠습니까?"

관객들은 자크 코프놀의 말을 박수로 받아들였다.

그랭구아르는 너무 충격을 받은 나머지 얼굴이 하얗게 질린 채 아무 말도 못했다.

자크 코프놀의 말에 따라 사람들은 당장 대리석 단 맞은편에 있는 작은 예배실 문에 둥근 구멍을 냈다. 나무 판자를 갑자기 구할 수가 없었기 때문이다.

남자든 여자든 상관이 없었다. 누구든 가장 흉측한 인상만 지을 수 있으면 되었다. 참가자들은 그 효과를 높이기 위해 미리 예배실 안으로 숨어들었다. 채 몇 분 되지 않아 예배실 안은 참가자들로 가득 메워졌다.

그 모든 과정을 자크 코프놀이 지휘했다. 그는 직접 앞으로 나가 사람들에게 명령하고, 지시하고, 조정했다.

일이 그렇게 돌아가자, 추기경은 그랭구아르 못지않게 당황했다. 그는 곧 수행원들을 이끌고 밖으로 나가 버렸다. 추기경의 도착을 그토록 열광적으로 기다리던 사람들이었지만, 아무도 그의 퇴장에 관심을 두지 않았다.

드디어 광인 교황 선발 대회가 시작되었다. 후보자들은 한 사람씩 차례대로 나와 구멍으로 얼굴을 내밀었다. 그리고 각자의 얼굴 근육을 움직여 온갖 흉측한 인상을 지어 보이기 시작했다.

이마에 주름을 잔뜩 잡은 채 벌건 눈꺼풀을 뒤집고 입을 떡 벌리는 사람이 있는가 하면, 혀를 길게 내민 채 사팔뜨기가 된 눈동자를 이리저리 굴리는 사람도 있었다. 또 양쪽 볼에 바람을 잔뜩 넣고 눈을 부라린 채 코와 귀를 움직이는 사람도 있었다.

그 밖에도 여러 가지 야릇한 표정을 짓는 사람들이 줄을 이었다. 그럴 때마다 사람들은 발을 구르며 웃어 댔다. 그것은 분명히 이제까지와는 다른 행사였다. 사람들이 만들어 내는 온갖 괴상망측한 표정에는 그들의 분노와 기쁨과 슬픔과 삶이 담겨 있었다.

"아이고, 저 입 좀 봐!"

"저건 영락없는 돼지머리네!"

"여자가 저런 표정을 짓다니, 부끄럽지도 않나?"

"어이, 그것도 얼굴이라고 내놓고 다니는 거냐?"

그렇게 떠드는 사람들 틈에서 그랭구아르는 천천히 정신을 가다듬었다. 그는 대리석 단 앞을 왔다갔다하며 그 때까지 무대에 남아 있는 배우들을 격려했다.

"어서 계속해!"

그러나 사람들은 모두 무대에서 등을 돌린 채 찡그린 얼굴을 감상하느라 정신이 없었다. 연극을 보고 있는 사람은 오직 그랭구아르 한 사람뿐이었다.

"참으로 슬픈 일이로다! 예술에 등을 돌린 채 찡그린 얼굴을 바라보다니……."

그랭구아르가 한탄하고 있을 때, 관객들 사이에서 우레와 같은 박수 소리가 터져 나왔다.

"만세, 광인 교황이 뽑혔다!"

사람들은 흥분하여 발을 구르며 소리쳤다.

예배실 문에 뚫린 구멍으로 내민 얼굴은, 정말 이 세상 사람의 것이라고는 생각할 수 없을 만큼 흉측한 모습을 하고 있었다. 네모난 코에 말발굽 같은 입술, 한쪽 눈은 커다란 혹으로 가려져 보이지도 않았다. 누런 이는 듬성듬성 빠졌는데, 그 중 한 개는 코끼리의 어금니처럼 밖으로 삐져나와 있었다.

아무리 솜씨 좋은 분장사가 분장을 하더라도 그 정도로 험악한 얼굴은 만들 수 없을 것 같았다. 그런 얼굴에 시기와 미움과 저주와 슬픔이 뒤섞여 있는 표정은 과연 모든 경쟁자들을 물리칠 만했다.

사람들은 그에게 열광적인 박수를 보냈다. 그 중 일부는 예배실 쪽으로 몰려가 그를 밖으로 이끌었다. 자크 코프놀도 박수를 치며 그가 광인 교황으로 뽑힌 것을 축하해 주었다.

그가 예배실 밖으로 나오자, 사람들은 또 한 번 놀랐다. 그는 얼굴뿐 아니라 온몸이 찌그러져 있었던 것이다. 등에는 커다란 혹이 달려 있고, 가슴은 바짝 쪼그라붙어 숨을 쉬기도 어려울 것 같았다. 머리통은 작은 몸뚱이에 어울리지 않게 크고, 거기에 붉은 머리털이 붙어 있었다. 뿐만 아니라 심하게 뒤틀린 다리며 커다란 발, 괴물 같은 손……. 더욱 특이한 것은, 그런 그의 몸에서 무서운 힘과 거칠 것 없는 용기, 그리고 민첩함이 엿보인다는 점이었다.

그는 마치 산산조각이 난 거인의 파편을 주워 모아 아무렇게나 만든 인간처럼 보였다. 그런 그가 무대에 올라섰을 때, 사람들은 그가 입고 있는 옷을 보고 비로소 그를 알아보았다.

"콰지모도다!"

"노트르담의 종치기 콰지모도다!"

사람들이 소리 높여 외쳤다.

"아니, 저게 사람이야? 아무래도 악마 같아."

"쉿, 보통 심술궂은 게 아니라는데 말조심해요!"

여자들은 얼굴을 가린 채 귀엣말을 주고받았다.

그러나 남자들은 콰지모도가 광인 교황에 뽑힌 것을 크게 환영했다.

콰지모도는 사람들의 반응이 어떻든 흥미 없다는 듯 예배실 문 앞에서서 주위를 둘러보고 있었다.

그 때였다. 사람들 속에서 한 학생이 나오더니, 그에게 바짝 다가가 익살스러운 표정을 지었다. 그러자 콰지모도는 대뜸 그의 몸을 머리 위로 번쩍 들어올린 다음, 관객들 사이로 힘껏 던져 버렸다.

그 번개 같은 동작에 자크 코프놀은 입을 다물지 못했다.

"같이 한잔 하고 싶은데, 어떤가?"

자크 코프놀이 콰지모도의 등을 어루만지며 물었다.

그러나 콰지모도는 대꾸도 하지 않고 몸을 비틀어 그의 손을 뿌리쳤다. 그는 꼽추에 애꾸눈일 뿐만 아니라 귀머거리였던 것이다.

콰지모도는 자크 코프놀을 노려보며 이를 갈았다. 플랑드르의 호걸은 그 험악한 인상에 저도 모르게 뒷걸음질을 쳤다.

"이봐, 콰지모도, 잘 있었나?"

기둥에서 내려온 장 물랭이 휘파람을 불며 소리쳤다.

"사람을 함부로 내던지다니, 망할 놈 같으니라고! 장 물랭, 네가 아는 놈이냐?"

콰지모도에게 내던져졌던 학생이 투덜거리며 물었다

"노트르담의 종치기야. 꼽추에 절름발이고 애꾸눈에 귀머거리지."

"그런데 저놈이 지금 혀를 움직여 뭐라고 하는 것 같은데?"

"노트르담의 종을 치는 동안에 귀머거리가 되었을 뿐 벙어리는 아니거든."

사람들 속에서 한 노파가 대신 말했다.

그러는 사이에 사람들은 광인 교황을 위해 종이로 만든 관과 누더기 법의를 챙겨 왔다.

관을 쓰고 법의를 입은 콰지모도는 울긋불긋하게 꾸민 들것에 실렸다. 그러자 장정 열두 명이 들것을 어깨에 메고 밖으로 나갔다. 큰길과 네거리를 행진할 작정이었던 것이다.

집시 아가씨

광인 교황의 대관식이 거행되는 동안에도 그랭구아르의 연극은 멈추지 않았다. 배우들은 그의 격려 속에서 연기를 계속했고, 그는 그들의 연기를 끝까지 지켜보았다.

광인 교황의 행렬이 밖으로 나가자, 그는 무릎을 쳤다.

"이제야 시끄러운 놈들을 다 쫓아 버렸네! 속이 다 시원하군."

하지만 불행하게도 그가 말한 시끄러운 놈들이란 바로 관객이었던 것이다.

남아 있는 사람이라곤 몇몇 학생과 여자와 늙은이, 그리고 어린애들뿐이었다. 그나마 학생들은 창틀에 걸터앉아 광장을 내다보고 있었다.

'이들이야말로 진정으로 내 연극을 이해하는 사람들이다!'

그랭구아르는 속으로 외쳤다.

때마침 무대에는 성모 마리아가 나타났다. 그런데 음악 소리가 들리지 않았으므로, 그는 다시 한 번 당황했다. 악대가 광인 교황의 행렬에 끌려나갔던 것이다.

그랭구아르가 낙심하여 한숨을 쉬고 있을 때, 창턱에 앉아 있던 한 학생이 소리쳤다.

"야, 에스메랄다다! 에스메랄다가 왔다!"

그 소리에 남아 있던 사람들은 약속이나 한 듯 창가로 몰려갔다.

"뭐, 에스메랄다라고?"

밖에서 요란한 박수 소리가 들려왔다.

주피터가 번갯불을 가지고 나타날 순간이었는데, 연극은 다시 중단되었다. 주피터는 무대 아래서 멍하니 서 있었다.

"미셸, 뭘 꾸물거리고 있는 거야? 얼른 올라가야지!"

그랭구아르는 화가 나서 소리쳤다.

"학생 녀석들이 사다리를 가져가 버려서……."

미셸의 말대로 화장실과 무대 사이의 사다리가 없어진 것을 보고 그랭구아르는 분개했다.

"나쁜 놈들, 사다리는 왜 가져간 거야?"

"에스메랄다를 본대요."

미셸이 대답했다.

그랭구아르는 실패를 인정하지 않을 수 없었다. 그는 고개를 숙인 채 천천히 문 쪽을 향해 갔다.

"멍청한 놈들, 기껏 연극을 보러 와서 바보 같은 짓에 한눈을 팔다니! 아, 나는 시인이면서 약장수보다 성공하지 못했구나! 그런데 에스메랄다가 도대체 누구야?"

재판소 계단을 내려가면서 그랭구아르가 중얼거렸다.

밖은 어느덧 어둠에 휩싸여 있었다. 그는 무작정 걷기 시작했다. 첫 연극이 실패로 끝난 지금 그가 갈 수 있는 곳은 아무데도 없었다. 방세가 여섯 달치나 밀려 있었으므로, 이제까지 묵고 있던 숙소인 그르니에 쉬를로 거리로도 돌아갈 수가 없었다.

그는 추위와 배고픔에 시달리면서 정처없이 거리를 헤매다가 그레브 광장으로 되돌아갔다.

광장에 도착했을 때, 그랭구아르의 손과 발은 얼어서 아무 감각도 느낄 수가 없었다. 거리를 헤매다가, 몰려오는 군중을 피해 뫼니에르 다리를 건널 때 물차에서 뿌리는 물을 머리에서부터 뒤집어썼던 것이다.

그랭구아르는 사람들을 헤치고 광장 한복판 무서운 기세로 훨훨 타오르고 있는 불길로 향했다. 그리로 가면 언 몸을 녹일 수 있겠다고 생각한 것이다.

그러나 주위에는 수많은 사람들이 모여 있었다.

"제기랄, 어째서 한결같이 내가 하려는 일에 훼방을 놓는 거야? 망할 놈의 주교는 왜 그런 곳에다 물차를 만들어 놓고!"

그는 불 주위에 있는 사람들과 물차의 주인인 주교를 싸잡아 욕하며 간신히 사람들 틈을 뚫고 들어갔다.

"저놈들은 대체 저기서 뭘 하는 걸까? 나뭇단이 타는 걸 보고 있나?"

그는 혼자 중얼거리며 사람들에게로 다가갔다.

그런데 사람들은 단지 불을 쬐거나 나뭇단이 타는 것을 보고 있는 게 아니었다. 그들은 불꽃을 멀리 에워싼 채 한 아가씨의 춤을 구경하고 있었다. 춤을 추고 있는 아가씨는 날씬한 몸매에 얼굴이 눈부시도록 아름다웠다.

그녀가 우유처럼 뽀얗게 빛나는 팔을 가냘픈 허리에 올려놓고 사뿐사뿐 발끝을 들어올릴 때마다 사람들의 입에서 탄성이 나왔다. 그녀는 낡은 페르시아 양탄자 위에서 나비처럼 춤을 추다가 사람들의 넋나간 눈길에 그 보석처럼 빛나는 검은 눈동자를 맞추곤 했다. 맹렬하게 타오르는 불길은 그녀의 춤 동작과 함께 일렁거렸다.

'아, 저건 불나비, 아니 요정의 모습이야! 그것도 아니면 여신이거나 바쿠스 신의 무녀일 거야.'

그랭구아르가 그런 생각을 하고 있을 때, 그녀의 땋아 내린 머리가 풀리면서 노란 구리로 된 핀이 땅바닥에 떨어졌다.

그 순간, 그랭구아르의 환상은 깨졌다.

"뭐야, 집시였군!"

그러나 사람들은 여전히 그녀에게서 눈길을 떼지 않았다. 수많은 사람 중에서 누구보다도 열심히 그녀를 바라보고 있는 한 남자가 있었다. 그는 조용하고 차분한 얼굴을 하고 있었으나, 그 움푹 들어간 눈에는 뜨거운 정열이 깃들여 있었다.

그의 옷차림은 사람들의 그늘에 가려 잘 보이지 않았으나, 나이는 서른다섯 살 정도로 보였다. 하지만 머리는 상당히 벗어져 있었으며, 조금 남아 있는 머리카락도 대부분 흰색이었다. 넓은 이마에는 굵은 주름이 잡혀 있었다.

드디어 집시 처녀가 춤을 멈췄다.

"에스메랄다! 에스메랄다!"

사람들은 그녀의 이름을 부르며 열광적으로 박수를 쳤다.

"잘리!"

그녀는 조금 숨이 차는 듯했지만 낭랑한 목소리로 불렀다.

그러자 그 때까지 양탄자 끝에 쭈그리고 앉아 있던 염소가 그녀에게로 다가갔다. 새하얀 어린 염소였는데, 뿔과 발톱을 금빛으로 칠하고, 목에는 금빛 목걸이를 하고 있었다.

에스메랄다는 염소 앞에 앉아서 탬버린을 흔들었다.

"자, 이번에는 네 차례다. 잘리, 지금이 몇 월이지?"

염소는 앞발을 들어 탬버린을 한 번 쳤다. 1월이었다. 사람들은 환호성을 지르며 박수를 쳤다.

"오늘은 며칠이지?"

에스메랄다가 다시 탬버린을 치며 물었다.

그러자 염소는 금빛 발을 들어 탬버린을 여섯 번 쳤다.

"그럼 지금은 몇 시지?"

그녀의 물음에 염소는 다시 발을 들어 탬버린을 일곱 번 쳤다. 그 순간, 광장의 큰 시계가 일곱 시를 알리는 종을 치기 시작했다.

사람들은 혀를 내두르며 감탄했다.

"이건 마술이야!"

그 때까지 사람들 사이에 끼여 에스메랄다에게서 잠시도 눈을 떼지 않고 있던 대머리 사나이가 말했다.

그러나 그 소리는 동시에 터져 나온 사람들의 요란한 박수 소리에 묻혀 버렸다.

"잘리, 기마대장 기샤르 그랑 나리는 축하 행렬 때 어떻게 걷지?"

에스메랄다가 묻자, 잘리는 뒷발로 일어서더니 점잖게 걷기 시작했다. 그 우스꽝스러운 모습에 구경꾼들은 폭소를 터뜨렸다.

에스메랄다는 사람들의 박수 소리에 용기를 얻었는지, 다시 큰 소리로 말했다.

"잘리, 이번에는 자크 샤르몰뤼 검사 나리가 연설하는 모양을 흉내내 봐."

그러자 잘리는 엉덩이를 땅에 대고 주저앉아 '매애매애!' 하고 울면서 앞발을 흔들어 댔다.

사람들은 다시 폭소를 터뜨리며 더욱 큰 박수를 보냈다.

"이건 불길한 징조다!"

대머리 사나이가 또 이상한 말을 했다.

작은 소리였으나, 에스메랄다는 그 목소리를 분명히 들었다.

"아이 참, 별사람 다 보겠네!"

에스메랄다는 화가 난 듯 아랫입술을 뾰로통하게 내밀며 중얼거렸다.

그리고 얼른 일어나 탬버린을 사람들 앞으로 내밀었다. 사람들은 그 탬버린 안에 은전과 동전을 던져 주었다.

그녀는 그랭구아르 쪽에도 탬버린을 내밀었다. 그랭구아르는 얼떨결에 호주머니에 손을 넣었다. 그러자 그녀는 그 앞에서 걸음을 멈추었다.

그러나 그랭구아르의 호주머니에는 돈이 한 푼도 없었다. 그는 등에 식은땀이 흐르는 것을 느꼈다. 그녀는 갈 생각을 하지 않고 검은 눈으로 그를 빤히 바라보며 여전히 탬버린을 내밀고 있었다.

그 때 생각지도 않은 사람이 나타나 그를 그 괴로운 입장에서 구해 주었다.

"야, 이 보헤미아 메뚜기야! 빨리 꺼져 버려!"

에스메랄다는 소스라치게 놀라 그 소리가 들리는 쪽으로 고개를 돌렸다. 그것은 대머리 사나이의 목소리가 아니었다. 거칠고 낮았지만 분명히 여자의 목소리였다.

뒤이어 아이들의 웃음소리가 들려왔다.

"하하하! 투르 롤랑 탑에 사는 미친 할머니잖아!"

"으르렁대는 걸 보니 저녁을 못 얻어먹은 모양이지? 시에서 내준 음식 중에 남은 게 있으면 갖다 주자!"

그러면서 아이들은 곧장 '기둥집' 쪽으로 몰려갔다.

그랭구아르는 얼른 그들의 뒤를 따라갔다. 아이들이 말하는 것을 듣고 자신도 저녁을 먹지 않았다는 것을 깨달았기 때문이다. 하지만 그가 기둥집에 도착했을 때는 이미 아무것도 남아 있지 않았다. 아이들이 몽

땅 가져가 버린 뒤였다.

　그랭구아르가 풀이 죽어 고개를 숙인 채 몸을 돌리려 할 때, 에스메랄다가 노래를 부르기 시작했다. 그녀의 목소리는 그 얼굴이나 춤추는 것만큼 아름다웠다. 이제껏 한번도 들은 적이 없는 경쾌하고 맑은 소리였다. 외국 노래여서 그 내용은 알 수 없었지만, 듣는 사람을 감동시키기에 충분했다.

　그랭구아르는 모든 시름을 잊고 그녀의 노랫소리에 귀를 기울였다. 배고픔도 추위도 그녀의 노래를 듣다 보니 어디론가 사라졌다.

　사람들이 노랫소리에 점점 빠져들고 있을 때였다. 춤을 출 때 훼방을 놓았던 그 노파의 고함 소리가 다시 에스메랄다의 노래를 가로막았다.

　"이 지옥의 귀뚜라미야, 입 닥치지 못해!"

　에스메랄다는 부르던 노래를 멈추고 말았다.

"에이, 빌어먹을 늙은이!"

그랭구아르는 귀를 막고 소리쳤다.

"망할 놈의 늙은이 같으니라고!"

"죽여 버려!"

다른 사람들도 화를 내며 노파를 욕했다. 달려가서 때리기라도 할 기세였다.

만약 그 때 광인 교황의 행렬이 돌아오지 않았더라면, 노파는 사람들에게 맞아 죽었을지도 모른다.

거리를 돌아다니는 동안에 광인 교황 행렬은 엄청난 규모로 불어났다. 파리의 부랑자와 도둑, 거지들이 끼어들었기 때문이다.

그 날 광인 교황으로 뽑힌 콰지모도는 누더기 법의 차림에 지팡이를 든 채 들것 위에 앉아 있었다.

행렬은 기둥집 앞을 지나 광장 가운데로 들어섰다. 콰지모도는 반쯤 도취된 상태에서 자신의 백성을 굽어보았다. 그의 얼굴에는 자랑스러운 기색이 역력했다.

그 때였다. 한 사나이가 갑자기 사람들 속에서 튀어나오더니, 콰지모도의 손에서 광인 교황의 표지인 나무 지팡이를 빼앗았다. 눈 깜짝할 사이에 일어난 일에 사람들은 잠시 멍해 있었다. 그는 바로 에스메랄다가 춤출 때 욕을 하던 대머리 사나이였다. 그는 신부의 옷을 입고 있었다.

그 얼굴을 확인한 순간, 그랭구아르는 깜짝 놀랐다.

"아니, 저분은 클로드 부주교가 아닌가! 그런데 저런 괴물에게 달려들다니, 괜한 짓을 하시는군."

아니나다를까, 콰지모도는 들것에서 뛰어내렸다. 여자들의 비명 소리가 들려왔다. 하지만 뜻밖에도 콰지모도는 부주교 앞으로 나아가 땅바닥에 푹 엎드렸다.

부주교는 콰지모도가 쓰고 있던 관을 벗겨 팽개쳤다. 그리고 지팡이는 부러뜨리고, 법의를 찢어 버렸다. 그런 다음, 콰지모도의 억센 어깨를 사정없이 잡아 흔들어 일으켰다. 따라오라는 뜻이었다. 그러자 콰지모도는 벌떡 일어나 얌전하게 그의 뒤를 따르기 시작했다.

잠시 멍하니 서 있던 사람들은 곧 정신을 차리고 자신들의 교황을 지키기 위해 앞으로 나섰다. 그러자 콰지모도는 사람들에게 커다란 주먹을 휘두르며 성난 사자처럼 이빨을 드러내 보였다.

그러는 사이에 부주교는 거만한 태도로 앞으로 나아갔다. 콰지모도는 앞장서서 부주교를 위해 길을 열었다. 클로드 부주교와 콰지모도는 그렇게 어둠 속으로 사라져 갔다.

기적의 거리

에스메랄다는 염소를 데리고 쿠델르리 거리로 향했다. 그랭구아르는 무엇에 이끌린 듯 그녀의 뒤를 따랐다. 파리에서 잘 곳이 마땅치 않을 경우 그와 같이 행인, 특히 여자의 뒤를 따라가는 것은 썩 좋은 방법이었다.

거리는 어느덧 완전히 어두워져 지나가는 사람도 거의 눈에 띄지 않았다. 그랭구아르는 에스메랄다의 뒤를 따라 옛날의 생 지노상 묘지 주변에 있는 골목길로 들어섰다. 그로서는 낯선 길이었으나, 그녀는 익숙한 듯 거침없이 앞으로 나아갔다.

그러다가 언제부터인가 에스메랄다는 그의 존재를 눈치챈 듯했다. 가다가 갑자기 걸음을 멈추거나, 불안한 듯 뒤를 돌아보는 것이었다.

그랭구아르는 조금 거리를 두고 따라가기로 했다. 그런데 어느 길모퉁이에서 그녀가 먼저 돌아선 순간, 날카로운 비명 소리가 들려왔다. 분명 그녀의 목소리였다.

그랭구아르는 깜짝 놀라 달려갔다. 거리는 불빛 하나 없이 깜깜했다. 그러나 마침 길모퉁이에 있는 성모 마리아상을 비추는 횃불이 있어서, 그는 에스메랄다가 검은 옷을 입은 두 사나이에게 붙잡혀 있는 것을 볼 수 있었다.

에스메랄다는 그들에게서 벗어나려고 발버둥을 쳤다. 남자들은 그녀의 입을 틀어막으려고 애를 썼다. 그 밑에서 가엾은 염소가 겁에 질려 '매애매애!' 하고 울어 댔다.

그랭구아르는 용감하게 그들을 향해 달려가며 소리쳤다.

"누구요?"

그러자 그 중 한 명이 그를 향해 얼굴을 돌렸다. 그는 뜻밖에도 콰지모도였다.

콰지모도는 그랭구아르를 후려갈겼다. 그 한 주먹에 그랭구아르는 정신을 잃고 말았다.

콰지모도는 에스메랄다를 가볍게 안아 들고 공범자와 함께 어둠 속으로 사라졌다. 염소가 슬피 울며 그 뒤를 따라갔다.

바로 그 때였다. 길모퉁이에서 10여 명의 말을 탄 병사들이 나타났다.

"그 여자를 내려놓아라!"

콰지모도는 그 기세에 눌려 에스메랄다를 내려놓았다.

손에 장검을 든 한 병사가 에스메랄다를 번쩍 들어 자신의 말 안장에 앉혔다. 나머지 병사들은 콰지모도를 꽁꽁 묶었다. 콰지모도는 입에서 거품을 내뿜으며 발버둥을 쳤으나 소용없었다. 그러는 사이에 다른 한 사나이는 도망쳐 버렸다.

에스메랄다는 안장 위에서 정신을 차렸다. 그녀는 두 손을 자기를 구해 준 병사의 어깨에 올려놓은 채 물었다.

"누구신데 저를 도와주시는 거죠?"

"나는 근위대 중대장 페뷔스 드 샤토페르 대위입니다."

"뭐라고 감사의 말씀을 드려야 할지 모르겠군요."

그녀는 공손히 인사를 한 뒤 말에서 내렸다. 그리고 페뷔스 중대장이 콧수염을 쓰다듬는 사이에 염소와 함께 골목 사이로 빠져 나갔다.

한편, 그랭구아르가 정신을 차린 것은 페뷔스를 비롯한 근위대 병사들의 말발굽 소리가 멀어지고 있을 때였다. 거리에는 이미 아무도 없었다.

"빌어먹을 놈의 꼽추!"

그는 차가운 땅바닥에서 몸을 일으키며 중얼거렸다.

그런데 워낙 강한 주먹에 얻어맞았기 때문인지 몸이 말을 듣지 않았다. 그는 잠깐 그대로 있기로 했다. 길바닥은 질퍽거렸고, 고약한 냄새가 수증기를 따라 피어오르고 있었다.

그랭구아르는 길바닥에 주저앉은 채로 조금 전의 납치 장면을 다시 떠올렸다. 콰지모도가 에스메랄다를 납치할 때 그에게는 분명히 공범이 있었다. 얼핏 보았으나, 그는 분명히 그레브 광장에서 콰지모도를 끌고 갔던 클로드 부주교였다.

그의 눈이 잘못된 것이 아니라면 그것은 참으로 해괴한 일이었다. 그토록 근엄하고 냉철한 사람이 무엇 때문에 그런 일을 저지른단 말인가.

그랭구아르의 엉덩이는 차츰 감각을 잃어 가고 있었다. 움직여 보려고 했으나, 얼어붙었는지 꼼짝할 수가 없었다. 하지만 그는 싫어도 움직이지 않을 수 없게 되었다. 한 무리의 부랑아들이 그를 발견하고 쫓아오고 있었기 때문이다. 아이들은 더러운 가마니 같은 것을 질질 끌고 왔다.

"저기 죽어 있는 게 철물장수 무봉 영감이야! 우리, 영감이 깔고 앉았던 이 가마니로 화톳불을 피우자!"

아이들이 그랭구아르를 향해 가마니를 던지며 소리쳤다.

이윽고 아이들 중 하나가 가마니에 불을 붙였다.

깜짝 놀란 그랭구아르는 재빨리 가마니를 벗어던진 다음, 있는 힘을 다해 몸을 일으켰다.

"앗, 죽었던 철물장수 영감이 살아났네!"

아이들은 요란스러운 발소리를 내며 도망쳐 버렸다.

불에 타 죽을 뻔한 위기를 넘긴 그랭구아르는, 수없이 걸리고 넘어지고 엎어지며 정신없이 달렸다.

그러다가 그는 갑자기 걸음을 멈추었다.

'그래, 아이들은 이미 사라져 버렸어! 가마니를 남겨 놓은 채……. 그 가마니야말로 성모 마리아께서 나를 위해 보내 주신 건지도 몰라. 그것만 있으면 이 밤을 춥지 않게 보낼 수 있을 거야.'

그렇게 생각한 순간, 그는 얼른 오던 길을 되돌아갔다. 하지만 워낙 골목이 복잡해서 어디가 어딘지 알 수가 없었다.

"빌어먹을!"

그는 막다른 골목이 나올 때마다 투덜거렸다.

한 좁은 골목 끝에서 환한 불빛이 보였다. 가마니가 타고 있는 것이었다.

"아, 저기 있었군!"

그는 그 불빛을 따라 골목으로 접어들었다. 그런데 그 순간, 무엇인가 이상한 것들이 마치 벌레처럼 그를 향해 느릿느릿 다가오고 있었다. 그것은 앉은뱅이와 절름발이였다.

"한 푼만 줍쇼!"

"부디 자비를 베푸십시오!"

그들은 그랭구아르를 향해 구슬픈 목소리로 외쳤다.

그는 못 들은 체하고 서둘러 그 곳을 빠져 나왔다.

그러자 이번에는 지팡이를 들고 큰 개에 이끌려 다가온 장님이 그의 앞을 막았다.

"한 푼 보태 줍쇼!"

"난 아무것도 가진 게 없다네. 지난 주에는 한 벌뿐인 셔츠를 팔아 빵을 샀지."

그는 장님을 피해 길을 돌아가며 말했다.

그러나 장님은 지팡이를 휘두르며 그를 쫓아왔다. 그 뒤를 이어, 앉은뱅이와 절름발이도 쫓아오기 시작했다.

"한 푼 보태 줍쇼!"

"나리, 도와줍쇼!"

그들은 목발과 지팡이에 의지한 채 따라오며 소리쳤다.

그랭구아르가 달리면 그들도 달렸고, 그가 멈칫하면 그들도 멈칫했다. 그는 정신없이 이 골목 저 골목을 헤매기 시작했다. 골목 여기저기에서 앉은뱅이와 애꾸눈, 곰배팔이와 문둥이 등 온갖 종류의 거지들이 쏟아져 나왔다.

당황한 그랭구아르는 오던 길을 되돌아가려고 했으나, 이미 때가 늦었다. 사방이 다 막혀 있었던 것이다.

이윽고 그랭구아르는 그들에게 떠밀려 앞으로 나아갔다. 그러다 보니 거리의 맨 끝에 다다랐다. 눈앞에 널찍한 광장이 펼쳐져 있고, 수없이 많은 불빛이 어둠 속에서 흔들리고 있었다.

그 거지 무리에게서 벗어날 좋은 기회라고 생각한 그랭구아르는 광장의 중심을 향해 뛰기 시작했다.

"거기 서지 못해!"

절름발이가 목발을 집어던지고 쫓아오며 소리쳤다. 그뿐만이 아니었다. 앉은뱅이는 어느 새 벌떡 일어서고 장님은 눈을 똑바로 떴다. 그들은 모두 멀쩡했으며, 눈에는 살기를 띠고 있었다.

"여기가 어디죠?"

그랭구아르가 놀라서 물었다.

"어디긴 어디야, 기적의 거리지!"

"장님이 눈을 뜨고 앉은뱅이가 일어서는 걸 보니, 기적의 거리가 맞는 것 같구려. 그렇다면 구세주는 어디 있죠?"

그는 주위를 두리번거렸다.

그러나 그들은 대답 대신 음산한 웃음을 터뜨렸다.

낮에는 거지가 되어서 구걸을 하지만 어두워지면 강도로 돌변하는 자들이 모여 사는 곳이 바로 기적의 거리였다.

그 곳은 암처럼 파리의 한구석을 차지한 채 방탕과 죄악을 퍼뜨리는 총본부로, 경찰관이나 헌병들도 일단 발을 들여놓았다 하면 쥐도 새도 모르게 죽임을 당하곤 했다.

포장도 되지 않은 광장 한가운데 화톳불이 타오르고 있었다. 그 주위를 한 무리의 거지 떼들이 둘러싸고 있었다.

그랭구아르는 어떻게 해야 좋을지 알 수가 없었다. 머릿속이 텅 빈 듯했다. 정신을 가다듬으려고 애썼으나 소용이 없었다.

"얼른 대왕님께 끌고 가야지!"

거지들 사이에서 누군가 소리쳤다.

그 말이 떨어지기가 무섭게 모두 앞다퉈 그에게 달려들었다.

"안 돼! 우리가 잡아왔어!"

맨 처음 그를 쫓아왔던 세 명이 동료들을 밀쳐 낸 다음, 그를 이끌고 광장을 가로질러 화톳불이 있는 곳으로 갔다.

화톳불 주위에는 낡고 더러운 탁자가 몇 개 흩어져 있었으며, 그 위에는 포도주와 맥주 항아리가 놓여 있었다. 그 옆에는 불기운과 술기운으로 불그스름해진 얼굴들이 무수히 보였다.

한 사내가 휘파람을 불며 다리에 친친 동여매고 있던 붕대를 풀고 그동안 굳어진 다리를 주무르고 있었다. 그 맞은편에서는 팔 없는 남자가 애기똥풀로 분장을 하고 있었다. 그리고 조금 떨어진 곳에서는 한 늙은이가 젊은 사내에게 간질병 환자 흉내를 가르치고 있었다.

화톳불 바로 옆에 있는 큰 통 위에 한 사나이가 앉아 있었다. 그가 바로 거지들로부터 대왕이라고 불리는 자였다.

거지들이 그랭구아르를 그 앞으로 끌고 가자, 그 때까지 마시고 떠들고 욕하던 거지들은 갑자기 소리를 죽이고 그쪽을 바라보았다.

"뭐하는 놈이냐?"

통 위에 앉아 있던 사내가 위협적이고 거친 어조로 물었다.

순간, 그랭구아르는 고개를 번쩍 들었다. 목소리가 귀에 익은 것 같았기 때문이다.

그 목소리의 주인공은 클로팽이었다. 그날 오전 재판소에서 구걸을 하느라 그의 연극을 망쳐 놓았던 바로 그 남자였다. 비록 지금은 가슴에 왕의 표지를 달고 경찰들이 군중을 몰아세울 때 쓰는 흰 가죽 채찍을 들고 있었지만, 분명히 알아볼 수 있었다. 그러나 그의 팔에 났던 상처는 이미 깨끗이 지워진 상태였으며, 머리에는 왕관처럼 생긴 모자를 쓰고 있었다.

클로팽은 자신을 스랑 제국을 다스리는 대왕으로, 양옆에 있는 두 사람은 갈리아 왕과 이집트 및 보헤미아 왕으로 불렀다.

그를 알아본 순간, 그랭구아르는 한 줄기의 빛이 비치는 느낌이었다.

"나리, 아니 각하……. 뭐라고 불러야 할지 모르겠군요."

"그야 네 마음대로 부르고, 그래, 이름이 뭐냐?"

"저는 오늘 오전……."

"잔소리 말고, 빨리 뭐하는 놈인지 말해. 너는 우리 왕국을 침범한 자다. 네가 도둑놈이나 거지나 떠돌이가 아니라면 벌을 받아야 해."

"각하, 저는 시인이올시다."

"아하, 시인이라! 그렇다면 너는 교수형이다! 자, 시인 나리! 죽기 전에 저 아가씨들에게 네 누더기를 나눠 주어라. 그리고 그들이 술을 마실 수 있게 지갑을 털어 주고. 죽기 전에 종교 의식이 필요하다면, 저기 저 사발 속에 담긴 석상에 기도하도록 하라. 그것은 우리가 생 피에르 성당에서 훔쳐온 것이다."

판결은 무시무시했다.

그러나 그랭구아르는 당황하지 않고 자세를 가다듬었다.

"교수형이라니, 제가 무슨 죄를 지었습니까?"

"기적의 거리에 발을 들여놓은 죄, 그건 교수형을 받아 마땅한 죄지."

"대왕님! 제 이름은 피에르 그랭구아르입니다. 저는 오늘 오전 재판소에서 공연한 연극의 작가입니다."

"아, 그렇다면 더 빨리 죽여야겠군. 그놈의 연극 때문에 우리가 얼마나 고생을 했는지 알아?"

클로팽의 말에 거지들은 술병으로 탁자를 치며 웃어 댔다.

궁지에 몰린 그랭구아르는 한 가지 꾀를 냈다.

"시인은 부랑자의 영원한 친구라는 걸 모르시는군요. 여러분이 잘 아시는 이솝은 집 없는 떠돌이였고, 호메로스는 거지, 또 메르큐리스는 도둑이었습니다."

"쓸데없는 소리 마! 아무리 그래도 넌 교수형이야!"

클로팽이 소리쳤다.

"제발, 제 말을 좀 들어주십시오!"

그랭구아르는 클로팽 앞에 엎드려 계속 말을 했다. 그러나 불행하게도 그의 목소리는 때마침 들려온 소음에 파묻히고 말았다. 그 옆에 있던 아이는 주전자를 흔들고, 한 노파가 화톳불에 프라이팬을 올려놓았는데, 그 속에서 기름이 끓기 시작한 것이다.

"조용히 해!"

두 명의 군주들과 무엇인가 의논하던 클로팽이 소리쳤다.

그러나 주전자를 흔드는 아이나 기름을 끓이는 노파는 대왕의 명령 따위에는 아랑곳하지 않았다. 대왕은 벌떡 일어나더니 주전자와 프라이팬을 걷어차 버렸다.

"자, 잘 들어라!"

거지 대왕은 투덜거리는 노파나 울음보를 터뜨린 아이는 거들떠보지도 않은 채 턱을 쓰다듬으며 말을 이었다.

"네가 아무리 억울하다고 주장해도 할 수 없다. 어차피 너희 시민들은 우리네 사정에 익숙하지 않을 테니까. 하지만 나는 본래 생명을 소중하게 여기므로, 죽음을 피할 수 있는 길을 일러 주지. 어때, 우리 패에 들어올 생각이 있나?"

"아이고, 살려 주시기만 한다면 그렇게 하고말고요!"

죽음으로부터 벗어날 수만 있다면 어떤 일이라도 좋았다.

"그럼, 소매치기도 할 수 있단 말이지?"

"물론입니다!"

"좋아. 그럼 너는 우리 스랑 왕국의 시민이 되는 것이다."

"감사합니다! 저는 이 왕국의 시민이요, 소매치기요, 거지입니다. 뭐든 시키는 대로 하겠습니다. 오, 위대한 대왕이시여! 저는 진작부터 소매치기요, 거지였습니다. 그것은 제가 철학자이기 때문입니다. 철학은 모든 사물을 포용하며, 철학자는 모든 인간을 포용하고 있으니까요."

그랭구아르는 클로팽의 마음이 바뀔까 걱정이 되어 고개를 조아리며 아양을 떨었다.

"무슨 헛소린지 모르겠지만, 좋아. 그렇다면 시험을 해 보도록 하지."

"시험이라고요?"

"쓸모 있는 인물인지 확인해 봐야겠다는 말이다."

대왕의 말이 끝나자, 거지들이 말뚝을 두 개 가지고 왔다. 말뚝 아래쪽엔 각각 주걱 모양으로 생긴 뼈대가 두 개씩 달려 있었다. 거지들은 그 뼈대를 버팀목으로 말뚝을 세워 놓고 다시 그 사이에 들보를 가로질러 놓았다. 그러자 그것은 썩 그럴 듯한 교수대가 되었다. 들보 아래에는 밧줄까지 매달려 있었다.

'대체 어쩌자는 거야?'

그랭구아르는 덜컥 겁이 났다.

거지들은 그 밧줄에 인형을 매달아 놓았다. 마네킹은 빨간 옷을 걸치고 있었는데, 그 옷에는 여러 개의 방울이 달려 있었다.

"어서 저 위로 올라가라."

클로팽은 마네킹 아래 놓인 의자를 가리키며 명령했다.

"의자가 흔들리는 것 같은데…… 목뼈가 부러지면 어쩌죠?"

"잔소리 말고 올라가!"

클로팽이 다시 명령했다.

그랭구아르는 할 수 없이 의자 위로 올라갔다.

"자, 이젠 오른쪽 다리를 왼쪽 다리에 감고 발끝으로 서라!"

"아니, 대왕님께서는 제가 다치는 꼴을 보고 싶으신 겁니까?"

"너무 말이 많군. 네 소매치기 실력을 보자는 거다. 왼쪽 발끝으로 서서, 방울 소리를 내지 말고 마네킹의 호주머니에서 지갑을 꺼내라."

"만약 방울 소리가 난다면?"

"그럼 당장 교수형에 처해질 것이다!"

클로팽의 말에 거지들은 재미있다는 듯 웃음을 터뜨렸다.

"빨리 마네킹의 주머니를 뒤져라. 다시 한 번 경고하는데, 방울 소리가 나면 너는 마네킹 대신 그 자리에 매달릴 것이다."

더 이상 피할 방법이 없었다. 그랭구아르는 오른쪽 다리로 왼쪽 다리를 감은 다음, 왼쪽 발끝으로 서서 손을 뻗었다.

마네킹에 손이 닿는 순간, 다리가 세 개밖에 없는 의자가 비틀거렸다. 그는 재빨리 마네킹을 붙잡았다. 그러자 마네킹이 말뚝 사이에서 빙그르르 돌며 방울들이 소리를 냈다.

"이제 죽었구나!"

그랭구아르는 땅바닥으로 굴러떨어졌다. 그의 머리 위로 거지들의 악마 같은 웃음소리가 울려 퍼졌다.

"저놈의 목을 매달아라!"

대왕이 명령하자, 거지들은 마네킹을 내리고 대신 그랭구아르를 의자 위에 올렸다. 그리고 그 목에 밧줄을 걸었다.

"들보 위로 올라가라, 밸비뉴!"

클로팽이 다시 소리쳤다.

한 거지가 잽싸게 들보 위로 올라가자, 클로팽은 연달아 명령을 내렸다.

"앙드리 루즈, 너는 내가 손뼉을 치면 의자를 무릎으로 차 버려라. 프랑수아는 저 녀석의 두 발에 매달리고, 벨비뉴는 어깨 위로 뛰어내려!"

그랭구아르는 두려움에 온몸을 떨었다.

이윽고 클로팽은 손뼉을 치기 위해 손을 쳐들었다. 그러다가 갑자기 무슨 생각이 떠오른 듯 멈칫했다.

"가만! 우리 스랑 제국에서는 사내의 목을 매달기 전에 그와 결혼하고 싶어하는 여자가 나타나면 죽음을 면하게 해 주는 관습이 있는데, 내가 그걸 잊었군."

그랭구아르는 그 말에 귀가 번쩍 뜨였다.

"자, 저자와 결혼하고 싶은 여자는 앞으로 나와라!"

클로팽은 다시 통 위에 올라가 소리쳤다.

그랭구아르는 크게 숨을 내쉬었다. 그러나 그가 채 숨을 다 내쉬기도 전에 여자들은 모두 고개를 저었다.

"그냥 목을 매달아요!"

몇몇 여자들이 큰 소리로 말했다.

클로팽이 통 위에서 일어섰다.

"아무도 원하지 않는다니, 정말 안됐군. 그렇다면 할 수 없지."

클로팽은 교수대 쪽으로 돌아서더니 손뼉을 치기 위해 다시 두 손을 올렸다.

그랭구아르는 온몸이 오그라드는 느낌이었다. 그 때였다. 뒤쪽에서 웅성거리는 소리가 들려왔다.

"에스메랄다다! 에스메랄다!"

그랭구아르는 소리 나는 쪽을 돌아보았다. 양옆으로 늘어선 거지 무리 사이로 눈부신 한 여자가 다가오고 있었다. 바로 그레브 광장에서 춤을 추던 집시 처녀 에스메랄다였다.

그녀의 아름다운 얼굴은 거지들의 표정을 부드럽게 바꾸어 놓았다.

에스메랄다는 가벼운 발걸음으로 그랭구아르 옆으로 다가왔다. 염소
가 그녀의 뒤를 따랐다.

"이 남자의 목을 매다시려고요?"

그녀가 클로팽에게 물었다.

"그래. 네가 저 녀석과 결혼한다면 문제가 달라지겠지만……."

클로팽의 빈정거림에 에스메랄다는 입술을 비죽거렸다.

"좋아요. 그럼 내가 이 사람과 결혼하겠어요."

그녀는 또렷한 목소리로 분명하게 말했다.

클로팽과 거지들은 깜짝 놀라 서로 마주 보았다. 그러나 누구보다 놀
란 사람은 그랭구아르였다.

거지들은 당장 그의 목에서 밧줄을 풀고 의자에서 내려 주었다. 이집
트 왕이라는 자가 찰흙 항아리를 가져왔다. 에스메랄다는 그것을 그랭
구아르에게 건네주었다.

"자, 이걸 던지세요."

에스메랄다의 말에 그랭구아르는 항아리를 힘껏 던졌다. 항아리는 땅
바닥에 떨어져 네 조각이 났다.

"형제여, 이제 이 여자는 네 아내다. 그리고 누이여, 이 남자는 네 남
편이다! 이 결혼을 4년 동안 인정한다."

이집트 왕이 두 사람의 머리 위에 손을 얹고 말했다.

페뷔스

그랭구아르는 에스메랄다를 따라 그녀의 집으로 갔다. 천장이 낮은
방 안에 눈부시게 아름다운 아가씨와 함께 있으니, 마치 꿈을 꾸고 있

는 듯한 기분이 들었다. 그것은 정말 몇 시간, 아니 몇십 분 전까지만
해도 상상조차 못한 일이었다.

그러나 에스메랄다는 무표정하게 앉아 있었다. 도무지 신방에 든 신
부 같지 않았다.

'이 여자가, 이렇게 아름다운 여자가 내 아내란 말이지? 내 목숨을
구해 준 것을 보면, 틀림없이 나를 사랑하는 거야!'

그는 타오르는 눈빛으로 에스메랄다에게 다가갔다. 그러자 에스메랄
다는 깜짝 놀란 듯 벌떡 일어났다.

"아니, 왜 이러세요?"

"왜 이러는지 몰라서 묻는 거요?"

그랭구아르의 목소리에는 정겨움이 담겨 있었다.

"대체 무슨 소린지 모르겠군요."

"정말 모른다는 거요?"

그러면서 그는 그녀를 껴안으려 했다.

그녀는 기겁을 하며 그를 힘껏 밀치더니, 방 한쪽 구석으로 몸을 피
했다. 어느 새 그녀의 손에는 작은 칼이 들려 있었다. 그녀는 얼굴이 빨
개진 채 입술을 파르르 떨며 그랭구아르를 노려보았다. 염소도 금빛 뿔
을 그에게 들이댔다.

"당신은 참으로 뻔뻔스러운 사람이군요!"

"아니, 그게 무슨 소리요? 당신은 내 아내가 되었잖소."

"난 당신이 죄도 없이 교수대에 매달리는 게 불쌍해서 가짜로 결혼하
겠다고 말한 거예요."

"그렇다면 단지 내가 불쌍해서 결혼을 했다는 말인가요?"

에스메랄다는 고개를 끄덕였다.

"좋아요. 그럼 우리 타협합시다. 난 허락 없이는 당신에게 접근하지

않을 것이오. 시인의 명예를 걸고 맹세하겠소. 그러니 당신도 그 위험한 칼을 휘두르지 말아 주시오. 대신 난 당신이 시장 나리의 금지령을 무시하고 칼을 든 데 대해 아무 말도 하지 않겠소. 당신도 알고 있을 거요. 일주일 전에 한 소녀가 칼을 가지고 있었다는 것만으로 10솔의 벌금을 냈다는 걸 말이오."

그랭구아르의 말에 에스메랄다는 칼을 내려놓으며 고개를 끄덕였다.

잠시 후, 두 사람은 식탁에 마주 앉았다. 식탁 위에는 검은 빵 한 덩어리와 돼지고기 몇 점, 그리고 시든 사과 몇 개와 맥주 한 병이 놓여 있었다.

그랭구아르는 음식을 보자마자 허겁지겁 달려들었다. 에스메랄다는 말없이 그를 바라보았다. 무슨 생각을 하는지 혼자 미소를 짓거나 염소를 쓰다듬기도 했다.

그랭구아르는 사과가 하나 남았을 때 비로소 에스메랄다에게 물었다.

"왜 안 먹는 거요?"

에스메랄다는 생각에 잠긴 채 고개를 저었다. 그녀의 손은 여전히 염소를 쓰다듬고 있었지만 눈은 천장을 향해 있었다.

그녀의 공상을 깨뜨린 것은 염소였다. 염소가 그녀의 손바닥을 핥으며 울어 댔던 것이다.

"왜 그래, 잘리? 배고프니?"

그녀는 빵을 잘게 뜯어서 염소에게 내밀었다. 염소는 그녀의 손바닥에 있는 빵조각을 정신없이 먹기 시작했다.

"당신은 나를 남편으로 삼을 생각이 전혀 없는 거요?"

그녀가 다시 공상에 빠져들기 전에 그랭구아르가 재빨리 물었다.

"그래요."

"남편이 싫다면, 애인은 어때요?"

"그것도 싫어요."

그녀는 입술을 삐죽이며 분명하게 말했다.

"그렇다면 친구는?"

"그야 상관 없겠죠."

"당신 마음에 들려면 어떻게 해야 하오?"

그랭구아르는 계속 물었다.

"남자가 되어야 해요."

"나도 남자요."

"내가 말하는 남자는, 머리에 투구를 쓰고 손에 칼을 들고 뒤꿈치에 금빛 박차를 달고 있는 사람이에요."

"말이 없는 사람은 남자도 아니라는 뜻이군. 혹시 마음에 두고 있는 사람이라도 있는 거요?"

"글쎄요……."

"다시 한 번 묻겠는데, 난 도저히 안 되겠소?"

"나는 날 지켜 줄 사람이 필요해요."

에스메랄다가 말했다.

그 말에 그랭구아르는 가슴이 뜨끔했다. 바로 두 시간 전에 그는 분명히 위기에 빠진 그녀를 구해 내지 못했던 것이다. 그녀는 그 이야기를 하고 있었다.

"미안하게 됐소. 그런데 어떻게 그 무서운 콰지모도의 손에서 빠져 나온 거요?"

에스메랄다는 대답 대신 두 손으로 얼굴을 감싸며 온몸을 부르르 떨었다.

"아, 징그러운 꼽추!"

그랭구아르는 얼른 말을 돌렸다.

"염소가 참 예쁘군요."

"잘리는 내 동생이에요."

"사람들은 왜 당신을 에스메랄다라고 부르는 거요?"

"모르겠어요."

그녀는 고개를 저었다. 그러더니 목에 걸고 있던 작은 주머니를 가슴에서 꺼냈다. 그것은 푸른 비단으로 만든 주머니로, 가운데 굵은 유리 세공품이 박혀 있었다.

"아마 이것 때문인가 봐요."

에스메랄다는 주머니를 보이며 말했다.

그러나 그랭구아르가 그것을 만지려 하자 얼른 뒤로 물러나는 것이었다.

"만지면 안 돼요. 이건 내 부적이에요. 만지면 부정탈지도 몰라요."

"어디서 난 거요?"

"모르겠어요."

그녀는 주머니를 다시 가슴 속으로 넣었다.

"에스메랄다는 어느 나라 말이며, 무슨 뜻이오?"

"뜻은 잘 모르겠는데, 이집트 말일 거예요."

"그럼 당신은 프랑스 사람이 아니군? 프랑스엔 몇 살 때 왔소?"

"아주 어렸을 때요. 파리엔 작년 8월에 왔어요."

"참, 아까 그 이집트 왕이라는 노인은 누구요?"

"우리 부족의 어른이에요."

"아, 그래서 우리 결혼식을 진행시킨 거군요."

"그런데 난 당신 이름조차 몰라요."

그녀는 버릇처럼 다시 입술을 삐죽거렸다.

"내 이름은 피에르 그랭구아르요."

"좋은 이름이네요. 하지만 난 그보다 훨씬 더 아름다운 이름을 알고 있어요."

"그런 말을 들어도 난 화내지 않아요. 머지않아 당신은 나를 사랑하게 될 테니까. 당신 얘길 들었으니 내 얘기도 하겠소. 20년 전 파리가 포위되었을 때, 우리 아버진 부르고뉴 군사들에게 목졸려 돌아가셨고, 어머니는 피카르디 군사들의 칼에 찔려 돌아가셨소. 그 때 내나이 여섯 살이었소."

그 때부터 열여섯 살까지 그랭구아르는 과일 장수가 던져 주는 자두나 빵 장수가 던져 주는 빵껍질로 살았다. 한때는 군인이 되려 하기도 하고, 신부가 되려고도 했으며, 상인이 되려 하기도 했지만, 모두 실패했다.

마지막으로 그는 노트르담 성당의 부주교 클로드 신부의 도움으로 시인이 되었다. 클로드 신부가 그랭구아르의 문학적 재능을 발견하고 교육을 시켜 준 덕분이었다.

"난 당신이 생각하는 그런 보잘것없는 남자가 아니오. 여러 가지 재미있는 곡예도 알고 있소. 그걸 당신 염소에게 가르쳐 주겠소. 가령 뫼니에 다리를 건너는 행인들에게 물을 튀기는 물차의 주인인 파리의 주교를 흉내내는 짓 같은 것 말이오. 앞으로 난 뭐든 당신이 시키는 대로 할 것이오. 우리가 부부가 될 것인지 친구가 될 것인지도 당신 뜻에 따르겠소."

에스메랄다는 그랭구아르의 이야기를 들으며 방바닥만 바라보고 있었다. 그러다가 그의 말이 다 끝나자 엉뚱한 질문을 했다.

"페뷔스란 무슨 뜻이죠?"

그것은 그의 이야기와는 전혀 상관이 없는 것이었다.

"라틴 어로 태양이라는 뜻이오."

그랭구아르는 자신의 박식함을 자랑하듯 말했다.

"태양! 아, 태양이라는 뜻이었군!"

"그리스 신화에서는 활을 잘 쏘는 아름다운 신의 이름이지요."

"신이라고요!"

그녀는 깊은 생각에 잠긴 얼굴로 부르짖었다.

그 때 그녀의 팔찌가 풀려 바닥으로 떨어졌다. 그랭구아르는 곧 몸을 굽혀 그것을 주웠다. 그러나 다시 허리를 폈을 때, 에스메랄다와 염소는 어디론가 사라지고 없었다.

버려진 아이

노트르담 성당은 파리에서도 가장 훌륭한 건축물이다. 오늘날의 건축 양식에 비교해 보아도 결코 손색이 없을 정도다. 성당 정면에는 열한 개의 계단이 있고, 정문 앞에는 조각상이 줄지어 있었으며, 이층 회랑에는 프랑스 역대 왕의 조각상 스물여덟 개가 세워져 있었다.

노트르담 성당은 그 건축의 우수함 외에도 탑에서 바라보는 풍경이 아름다운 것으로도 유명하다. 성당 종탑의 어두운 계단을 더듬어 올라가면, 햇살이 환하게 내리쬐는 두 개의 지붕이 나온다. 그 중 아무데나 올라서면 파리 시내를 한눈에 내려다볼 수 있다.

노트르담 성당이 파리의 명물이라면, 탑과 종소리는 노트르담의 명물이다.

높이 솟은 종탑에서 울려 퍼지는 종소리는 마치 하늘과 땅을 뒤흔드는 것 같았다. 그러잖아도 파리는 종의 본고장이라고도 불릴 만큼 갖가지 종소리가 울려 퍼지는 도시다. 그런데 특히 노트르담 성당의 종루에서 울려 나오는 장엄한 종소리는 도시 구석구석으로 퍼져 축제일에는 기쁨을, 슬픈 일이 있을 때는 슬픔을 느끼게 했다.

노트르담 성당 왼쪽 벽에는 나무로 만든 침대가 하나 마련되어 있었는데, 그것은 버려진 아이를 받아들이는 곳이었다. 누구든 자신의 힘으로 아이를 기를 수 없는 사람은 신의 자비에 의지하여 아이를 그 침대에 놓아 두면 되었다. 또 누구든 버려진 아이를 데려다 기를 수도 있었다. 침대 앞에는 동냥을 얻기 위한 구리 접시가 있었다.

16년 전, 부활절이 지난 첫 일요일 아침 미사가 끝난 뒤, 그 나무 침대에 한 아기가 버려졌다. 많은 사람들이 침대를 둘러싼 채 아이를 구경하고 있었다.

맨 앞줄에 있는 여자들은 허리를 굽혀 나무 침대 위에서 몸을 비틀며 우는 아이를 들여다보았다.

"아이고, 이젠 사람들이 어린아이마저 마구잡이로 만들어 내는 모양이야!"

"이건 사람이 아녜요. 마치 원숭이가 되다 만 것 같은데요."

"그래, 짐승이 분명해. 아무래도 물이나 불에 던져 버려야 할 것 같아."

빨간 머리카락에 커다란 혹으로 덮인 한쪽 눈, 게다가 다른쪽 눈과 입은 비뚤어져 있고, 등은 꺾어진 나뭇가지처럼 휘어 있었다. 여자들의 말처럼 도저히 사람이라고는 할 수 없는 생김새였다.

그 때, 사람들을 헤치고 한 젊은 신부가 앞으로 나섰다. 그는 자기가 데려다 키우겠다며 그 아이를 안아올렸다.

모두들 놀란 눈으로 쳐다보았으나, 신부는 상관하지 않고 사람들 사이를 뚫고 성당 안으로 들어갔다.

그 젊은 신부인 클로드 프롤로는 평범한 인물이 아니었다. 그는 당시의 중간 계급에 속한 집안의 사람으로서, 부모는 그가 성직자가 되기를

희망했다. 따라서 그의 부모는 그가 어릴 때부터 라틴 어를 가르쳤고, 낮은 목소리로 말하도록 훈련시켰다. 뿐만 아니라 일찍이 그를 대학 내에 있는 토르시 학교에 보냈다. 그는 그 곳에서 열심히 공부했다.

그러는 동안 그는 매우 성실하지만, 어둡고 우울한 표정에 매우 고지식한 성격의 소유자가 되었다. 그는 세상 일에 한눈팔지 않고 부지런히 학교에 다녔다. 그리하여 열여섯 살에 신학은 물론, 의학, 어학 등의 방면에서도 뛰어난 실력을 갖추게 되었다.

1466년 여름, 프랑스에는 페스트라는 무서운 전염병이 돌았다. 그가 있던 파리에서도 4만 명이나 목숨을 잃었다. 그는 부모님이 있는 고향으로 달려갔다. 그러나 집에 도착해 보니 부모님은 이미 전날 밤 세상을 떠나고, 기저귀를 찬 어린 동생 장 물랭만이 요람 속에 버려진 채 울고 있었다.

그 후 그는 다니던 학교를 그만두고 어린 동생을 키우는 데 온 힘을 쏟았다. 오직 책과 학문만을 사랑하던 그에게 그것은 분명히 새로운 경험이었다.

그는 동생을 키우면서 인생이 결코 만만치 않다는 것을 깨달았다. 동생이 있다는 것은 그에게 큰 기쁨이었고 학문하는 목적이 되었다. 그는 하느님 앞에서 동생의 장래와 행복을 위해 자신은 결코 결혼하지 않겠다고 맹세했다. 그리하여 그는 스무 살에 교황청 소속의 신부가 되었으며, 노트르담 성당의 재단을 관리하게 되었다. 뿐만 아니라 그의 학문은 수도원에서 민중들에게까지 모르는 사람이 없을 정도로 명성을 얻었다.

그가 그 흉하게 생긴 아이를 맡아 기르겠다고 한 것은 부모를 잃고 요람에서 울부짖던 동생이 생각났기 때문이었다. 자기가 죽으면 사랑하는 동생 역시 그와 같은 신세가 될지 모른다는 동정심에서 비롯된 것이었다.

그는 아이에게 세례를 주고, 부활절 후의 첫 번째 일요일인 콰지모도 주일을 기념하여 콰지모도라는 이름을 지어 주었다.

콰지모도는 양아버지 클로드 신부의 보살핌 속에 잘 자라 어른이 되었다. 그는 그 동안 조자스의 부주교가 된 클로드 신부 덕분에 노트르담 성당의 종치기가 되었다.

콰지모도가 성당의 종치기가 된 것은 어쩌면 운명이라고 할 수 있었다. 그는 그 기형적인 생김새 때문에 그늘 속에서 자랄 수밖에 없었는데, 종탑의 벽은 그를 쉽게 들여다볼 수 없도록 감싸 주었던 것이다. 따라서 노트르담은 그에게 있어 곧 보금자리였고 집이었고 세계였다.

콰지모도는 노트르담과 아주 잘 어울렸다. 그는 마치 원숭이처럼 높은 탑과 기둥을 날쌔게 오르내리며 맡은 일을 훌륭하게 해냈다. 그가 어둠 속에서 종탑 안을 뛰어다니다 기둥 옆에 서면, 마치 로마식 원기둥에 장식된 괴물 조각상과 같았다.

그는 노트르담에서 자고 노트르담에서 먹고 노트르담과 함께 자랐다. 그리고 점점 노트르담을 닮아 갔다. 이제는 노트르담을 빼놓고 그를 상상할 수도 없고, 그를 뺀 노트르담도 상상할 수가 없었다.

콰지모도는 노트르담의 구석구석을 알고 있었다. 그 곳에서 그의 발길이 닿지 않는 곳은 한 군데도 없었다. 그는 조각의 튀어나오고 들어간 부분을 이용하여 마치 도마뱀처럼 종각의 정면을 기어다니기도 했다.

그는 태어날 때부터 애꾸이고 꼽추이며 절름발이였다. 게다가 열네 살 때부터 시작한 노트르담에서의 생활은 그에게 귀머거리라는 또 한 가지 장애를 안겨 주었다. 멀리서 들으면 평안과 안식을 주는 노트르담의 종소리가 바로 곁에 있는 그의 고막을 터뜨렸던 것이다.

귀머거리가 됨으로써 세상을 향해 빠끔히 열려 있던 문마저 닫힌 것이다. 그러자 양아버지 클로드 부주교가 그토록 애를 써서 가르쳐 놓은 말하기조차 꺼려, 나중에는 혀까지 굳어졌다. 어쩌다 한 마디 하려 해도 굳어진 혀끝에서 나오는 말은 알아듣기가 힘들었다.

콰지모도라는 육체에 담긴 정신은 일그러지고 비틀어져 있었다. 찌그러진 그릇에 담긴 물은 찌그러질 수밖에 없는 것과 같은 이치다. 사실 그는 말할 수 없이 심술궂었다. 그 심술에서 뛰어난 힘이 발휘되었다. 그러나 그는 결코 태어날 때부터 심술궂었던 것은 아니다. 그것은 그가 사람들로부터 배척당한 결과였다. 사람들은 그를 볼 때마다 조롱하고 저주했다. 따라서 그가 사람들을 통해 배운 것이라곤 증오뿐이었다.

사람들에 비해 노트르담 성당은 참으로 편안했다. 그 곳에서는 아무도 그를 비웃거나 조롱하지 않았다. 특히 조각상들은 그가 무슨 이야기를 하든 조용히 들어 주었다. 그에게 노트르담은 어머니와도 같은 존재였다. 특히 종탑은 그를 감싸안고 그를 위로했다. 따라서 그는 그것 때문에 고막이 터졌어도 결코 원망하지 않았다. 오히려 그 소리를 통해 모든 것을 듣고 모든 것을 말했다.

콰지모도는 종이 크게 울리는 날이면 말할 수 없는 기쁨을 느꼈다. 클로드 부주교가 종을 치라고 명령하면, 그는 한달음에 나선형의 계단을 올라갔다. 그리고 사랑이 담긴 눈으로 종들을 들여다보며 그것들이 해야 할 수고에 마음 아파했다.

그는 종을 치고 나서는 미친 듯이 울음을 터뜨렸다. 그러는 동안에 종은 빠르게 움직이며 널리 소리를 퍼뜨렸다. 종이 울리는 동안 탑의 뼈대와 꼭대기의 장식도 함께 흔들렸다. 그러면 콰지모도는 입에서 거품을 내며 이리저리 왔다갔다했다. 종이 폭풍 같은 소리를 내면, 그는 짐승처럼 울부짖었다.

콰지모도의 귀에는 오직 종소리만 들렸다. 그것은 그의 마음을 사로

잡았으며 그를 흥분시켰다. 그는 종이 울리는 동안 마치 성난 짐승처럼 종탑을 뛰어다녔다. 그러다 마치 거미처럼 종에 뛰어올라 그것이 흔들리는 대로 자기 몸을 맡겼다. 그럴 때 보면 그의 붉은 머리는 곤두서고 눈은 불타올랐다. 파리 시민들은 노트르담의 종이 그렇게 신비로운 소리를 내는 것은 거기에 콰지모도의 숨결과 생명력이 실려 있기 때문이라고 생각했다.

파리에서는 어디서나 종탑이 보였다. 당연히 콰지모도도 보였다. 그는 종탑 꼭대기에 있는 새집에서 까마귀를 끌어내리기도 했고, 종탑 한쪽 구석에 웅크리고 앉아 있기도 했다. 한밤중에는 종탑 꼭대기의 난간 위를 걷기도 했다. 그럴 때면 사람들은, 특히 여자들은 성당 전체에서 무시무시한 힘을 느끼곤 했다.

양아버지 클로드 부주교는 콰지모도가 노트르담 못지않게 사랑하는 존재였다. 그도 그럴 것이, 클로드 부주교는 그를 양아들로 삼았고, 그에게 말하고 쓰는 것과 읽는 것을 가르쳐 주었다. 또한 노트르담의 종치기 일을 하게 해 주기까지 했다.

콰지모도가 그에게 고마움을 느끼는 것은 지극히 당연한 일이었다. 언제나 엄하고 냉정한 양아버지였지만, 그는 한순간도 그 고마움을 잊은 적이 없었다. 따라서 클로드 부주교는 세상에서 가장 충실한 노예를 둔 것이나 마찬가지였다.

1482년에 콰지모도는 스무 살, 클로드 부주교는 서른여섯 살이 되었다.

모든 사람이 버린 콰지모도를 잘 길러낸 클로드 부주교였으나, 동생 장 물랭은 그의 생각대로 자라 주지 않았다.

클로드 부주교의 삶은 오직 학문과 동생의 교육으로 이루어졌다 해도 과언이 아니었다. 그런데 장 물랭은 공부보다는 노는 것을 좋아했으며,

학교는 나가는 날보다 빠지는 날이 더 많았고, 장난질은 둘째 가라면 서러울 정도였다.

클로드 부주교는 때때로 엄하게 타이르기도 했지만, 장 물랭은 그의 잔소리를 귓등으로 들어넘겼다.

클로드 부주교는 몹시 실망했다. 그 실망을 다스리기 위해 그는 전보다 더욱 열정적으로 학문 연구에 매달렸다. 학문은 결코 그를 배반하지 않았다. 반드시 수고에 대한 대가를 지불해 주었다.

학문의 깊이가 깊어지는 만큼 클로드 부주교의 가슴에는 깊은 그늘이 드리워졌다. 사람들은 그의 표정을 통해 그 그늘을 느낄 수 있었다. 깊이 수그린 고개, 한숨이 새어 나오는 입술, 찌푸린 눈썹에서 검은 구름을 보기도 했다.

그는 날이 갈수록 더욱 엄격해졌다. 특히 여자들에게는 그 정도가 심했다. 아름다운 것이나 즐거운 것은 인간을 타락시킨다는 믿음을 가지고 있었기 때문이다. 그것은 단순히 그의 직업이나 성격에서 나오는 것으로만 볼 수가 없었다. 때로는 여자들을 증오하는 것이 아닌가 하는 생각이 들 정도였다.

에스메랄다를 본 이후로 그런 경향이 더욱 심해진 것 같았다. 그날 이후 그는 주교에게 집시 여자들이 성당 앞 광장에서 춤추고 노래하는 것을 금지하는 포고를 내려 달라고 청했다. 또한 염소나 돼지나 양 등의 동물을 이용해서 요망스러운 짓을 하는 사람들을 화형이나 교수형에 처할 수 있는 근거를 마련하기 위해 재판소의 고문서를 모조리 뒤지기도 했다.

그런 까닭에, 콰지모도는 물론이고 클로드 부주교도 파리 시민들로부터 사랑을 받지 못하고 있었다. 클로드와 콰지모도가 함께 외출하여 걸어가면, 사람들은 그들을 향해 손가락질을 하곤 했다. 장난꾸러기들은 콰지모도의 튀어나온 등에 바늘을 꽂고 달아나기도 했으며, 말괄량이 처녀들은 일부러 클로드의 앞을 가로질러가며 진한 향수 냄새를 풍기기도 했다.

"한쪽은 육체적인 불구자고 다른 한쪽은 정신적인 불구자야!"

나이 든 여자들은 이렇게 빈정거리기도 했다.

그러나 두 사람이 그들의 빈정거리는 소리나 장난을 눈치채는 일은 거의 없었다. 콰지모도는 귀가 먹었고, 클로드는 언제나 자기만의 생각에 잠겨 있었기 때문이다.

죄와 벌

축제 다음 날인 정월 초이렛날, 파리의 재판소에서 재판이 있었다. 그날 재판은 시장 없이 진행되었다. 보좌관들이 관례에 따라 일을 진행시킨 것이다.

법정에는 아침 여덟 시부터 여남은 명의 방청객이 시장의 보좌관인 플로리앙 바르브디엔이 내리는 판결을 지켜보고 있었다.

법정의 한쪽 구석에는 책상이 있었다. 그 옆에는 시장이 앉을 떡갈나무로 만든 커다란 안락 의자가 있었고, 왼쪽에는 배석 판사인 플로리앙의 의자가 있었다. 그 아래쪽에서는 서기가 앉아 재판이 진행되는 과정을 기록하고 있었다.

플로리앙은 무늬 없는 갈색 책상 안쪽의 버팀목에 발을 올려놓고 팔꿈치로는 책상 위를 짚고 있었다. 생김새를 살펴보면, 눈썹이 앞으로 툭 튀어나왔으며 양쪽 볼은 턱 아래에 가서 합쳐져 있었다. 그 턱을 흰 모피 속에 감싼 채 몹시 까다로운 표정을 짓고 있었다.

플로리앙은 사실 귀머거리였다. 귀가 안 들린다는 것은 재판관의 자격에 흠이 될 만도 했으나, 플로리앙 자신은 그것을 오히려 훌륭한 조건이라고 생각했다. 정상적인 판사들이 듣는 시늉만 하고 판결을 내리는 데 비해 자신은 정신을 집중하여 재판 과정을 지켜본 후 판결을 내리기 때문이다. 그래서 그런지 그의 판결은 매우 적절하다는 평을 받곤 했다.

대부분의 방청객들은 조용히 입을 다물고 있었다. 그러나 장 물랭은 옆자리의 친구 로뱅 푸스팽에게 쉬지 않고 속삭였다.

"아니, 저렇게 아름다운 아가씨한테 유죄를 선고하다니! 저 늙은이는 귀뿐만 아니라 눈도 먼 것 같아! 겨우 묵주알 두 개를 갖고 다녔다고 15솔 4드니에의 벌금이라니, 너무하는군! 뭐야, 저 사람은 여관 주인 로뱅 빌이잖아! 여관을 하는 대가로 가입비를 내라는 거군! 그런데 저 나리들은 웬일이야? 아, 놀음을 한 모양이지? 머지않아 우리 총장님도 여기서 뵐 날이 있겠군! 벌금이 백 리브르라니, 정말 가차없는 판결이군. 나도 형처럼 부주교가 되어야겠는걸. 왜냐고? 부주교는 놀음을 해도 법정에 서지 않거든. 아니, 저건 또 뭐야? 저자는 어제 우리가 뽑은 광인 교황 콰지모도잖아!"

장 물랭의 말대로 콰지모도가 밧줄에 꽁꽁 묶인 채 엄한 감시를 받으며 들어왔다. 가슴에 프랑스의 문장이 수놓인 제복을 입은 부대장이 그를 호송하고 있었다.

플로리앙 판사는 서기가 제출한 서류를 찬찬히 뒤적거려 보았다. 그렇게 함으로써 그는 미리 피의자의 이름과 범죄 사실을 아는 것이다. 그리고 어떤 대답을 할 것인지 짐작하고 거기에 맞는 질문을 준비했다. 따라서 사람들은 그가 귀머거리라는 사실을 눈치채지 못했다.

이윽고 플로리앙은 살찐 얼굴을 들어 콰지모도를 본 뒤, 의자에 등을 기대더니 눈을 감고 심문을 시작했다.

"이름이 뭔가?"

플로리앙은 먼저 그렇게 물었다. 그는 콰지모도가 귀머거리인 줄 몰랐다.

콰지모도가 그 소리를 알아들을 리 없었다. 그런데 플로리앙 역시 귀머거리였으므로, 콰지모도가 대답하지 않았다는 사실을 알지 못했다.

"콰지모도라고? 좋아, 그럼 나이는 몇 살이지?"

플로리앙이 또 물었다.

방청석에서는 웃음이 터져 나왔다.

귀머거리인 플로리앙은 항상 그랬던 것처럼 콰지모도가 대답을 했을 것으로 생각했다. 그러나 콰지모도 역시 귀머거리였으므로 플로리앙이 묻는 말을 들을 수 없었고, 따라서 대답을 할 수 없었다.

"직업이 뭐지?"

방청객들이 웅성거리기 시작했다.

"노트르담의 종치기라고? 피고가 여기 서게 된 이유는, 밤중에 소동을 일으키고, 거리의 여자를 습격했으며, 국왕 폐하의 친위 헌병에게 저항한 것 때문이다. 이 점에 관해서 할 말 있나?"

플로리앙은 여전히 눈을 감은 채 책을 읽듯 콰지모도의 죄에 대해 말하고는 서기 쪽으로 고개를 돌렸다.

"서기는 피고가 지금 말한 것을 다 기록했나?"

그 모양이 너무 우스워 사람들은 배를 잡고 웃었다. 근엄해야 할 법정 안은 곧 엄청난 웃음의 소용돌이에 휘말렸다.

플로리앙과 콰지모도도 그와 같은 상황을 눈치채지 않을 수 없었다. 콰지모도는 험상궂은 얼굴로 방청석을 돌아보았고, 플로리앙은 분노했다.

플로리앙은 방청객들이 웃는 까닭을 콰지모도가 엉뚱한 대답을 했기 때문이라고 생각했다.

"감히 누구 앞이라고 그런 대답을 하는가? 그 대답으로 너는 교수형을 받아 마땅하다."

플로리앙이 소리치자, 문 앞을 지키고 섰던 경찰들까지 웃기 시작했다.

"이 무례한 놈! 너는 내가 파리 시장님의 보좌관이라는 걸 모르는 거냐?"

플로리앙은 방청객들의 웃음을 가라앉힐 생각으로 피고를 향해 다시 소리를 질렀다.

그 때 안쪽 문이 열리며 파리 시장 로베르가 나타났다. 만약 그렇지 않았더라면, 콰지모도에 대한 그의 질책은 계속되었을 것이다.

뚱뚱한 로베르는 자리에 앉자 못마땅한 표정으로 콰지모도를 보았다. 한창 흐트러진 분위기를 그가 못 느낄 리 없었다.

"그대는 무엇 때문에 이 법정에 서게 되었는가?"

로베르는 분위기를 다잡기 위해 일부러 위협적인 목소리로 물었다.

콰지모도는 그제야 재판이 시작된 것으로 알고 큰 소리로 자기 이름을 댔다.

"콰지모도!"

그의 엉뚱한 대답에 방청석에서는 다시금 폭소가 터졌다.

"그대가 감히 나를 모욕하는 건가!"

로베르는 얼굴이 빨개져서 소리쳤다.

"노트르담의 종치기입니다!"

콰지모도의 엉뚱한 대답은 계속되었다. 이번에는 직업을 물어 보는 줄 알았던 것이다.

"뭐, 종치기라고?"

"나이는 성 마르탱 축일에 스무 살이 됩니다."

법정이 떠나갈 듯한 웃음소리에 더 이상 참지 못하고 로베르가 분풀이를 하듯 선고했다.

"이런 못된 놈을 봤나! 여봐라, 이자를 그레브 죄인 공시대로 끌고 가 매를 때리고 한 시간 동안 묶어 놓아라!"

서기는 즉시 판결문을 쓰기 시작했다.

"빌어먹을! 겨우 그 정도 판결을 내리려고 이 소란을 피운 거야?"

장 물랭이 방청석에서 외쳤다.

그러자 로베르는 대뜸 콰지모도를 쏘아보았다.

"서기, 추가로 벌금 파리 주화 12드니에를 부과하라."

서기가 판결문을 제출하자, 로베르는 거기에 도장을 찍고 밖으로 나갔다.

콰지모도는 그 모든 것을 얼떨떨한 표정으로 보고 있었다.

재판이 엉뚱한 방향으로 흘러가자, 서기는 콰지모도가 불쌍한 생각이 들었다. 그래서 플로리앙에게 귓속말을 했다.

"가엾게도 저자는 귀머거리랍니다."

하지만 플로리앙이 그 말을 알아들을 리 없었다. 그렇다고 안 들린다고 글로 써 달라기엔 자존심이 허락지 않았다.

콰지모도의 험악한 생김새로 볼 때 더 큰 죄를 지었을 것으로 짐작한 플로리앙이 말했다.

"그렇다면 한 시간이 아니라 두 시간 동안 묶어 두도록 하라."

어처구니없게도 재판은 그렇게 끝이 났다.

귀멀 수녀

그레브 광장은 종이 조각, 장식용 깃털, 리본, 음식 찌꺼기 같은 쓰레기들로 뒤덮여 있었다. 그런 것들을 보면, 축제가 얼마나 거창했는지 짐작할 수 있었다.

광장을 거닐던 사람들은 밤새 타오르던 화톳불이 꺼진 후에 남은 잿더미를 발로 차거나 기둥집 곁에 선 채 어제의 축제를 되새겼다. 그것은 축제 못지않은 즐거움이었다. 포도주와 맥주를 파는 상인들이 사람들 사이로 통을 굴리며 지나갔고, 사람들은 축제와 광인 교황 이야기로 꽃을 피웠다.

이윽고 기마 경찰들이 죄인 공시대에 와서 자리를 잡기 시작했다. 그들을 보고 흩어져 있던 사람들이 하나 둘 모여들기 시작했다.

광장 서쪽에는 투르 롤랑의 옛집이 있다. 그 아래층에는 작은 골방이 있었는데, 그 골방의 창은 십자형의 쇠막대기로 막혀 그 사이로 겨우 햇빛을 받아들일 수 있었다.

그 방은 약 3세기 전 롤랑드 드 롤랑 공주가 십자군 원정 때 죽은 아버지를 위해 만든 것이었다. 아버지가 죽자, 공주는 궁궐의 모든 재산과 영지를 가난한 사람들에게 나누어 준 후 그 곳에 들어박혔다.

그녀는 검은 자루를 뒤집어쓴 채 잿더미 속에서 잠을 자고, 사람들이 창문 밖에 갖다 놓는 빵과 물로 버티며 20년 동안 아버지를 위해 기도를 드렸다.

그러다가 세상을 떠났는데, 그 후 고통받는 여자들이나 속세를 떠난 여자들이 그 작은 방으로 모여들었다. 파리 사람들은 공주에게 했던 것처럼 그녀들에게 자선을 베풀었다.

죄인 공시대 주변으로 사람들이 모여들고 있을 무렵, 그레브 광장을
향해 걸어가는 세 여자가 있었다. 그 가운데 두 명은 파리 시민 같은 차
림새를 하고 있었다. 그들은 흰 깃장식에 붉고 푸른 줄이 그려진 치마
를 입고, 가장자리에 색실로 수놓은 흰 양말을 신고, 모자는 리본과 레
이스를 잔뜩 달고 금박과 은박으로 장식한 것을 쓰고 있었다.

　　다른 한 여자도 차림새는 비슷했다. 하지만 그녀에게서는 어쩐지 시
골 공증인 부인 같은 분위기가 풍겼다. 특히 허리 위로 띠를 맨 것으로
보아 파리에는 최근에 왔다는 것을 알 수 있었다.

　　처음에 두 여자는 시골 여자에게 파리 시내를 구경시켜 주듯 천천히
걷고 있었다. 시골 여자의 손에는 남자아이가 매달려 있었으며, 아이는
커다란 빵을 들고 있었다.

　　아이는 힘겹게 끌려가면서 끊임없이 몸을 비틀었다. 그럴 때마다 여
자는 아이를 야단쳤으나 소용없는 일이었다.

　　"마예트, 서둘러야겠어요. 너무 늦지 않았는지 몰라. 곧 도착할 텐
데⋯⋯."

　　둘 중 젊고 뚱뚱한 여자가 시골 여자에게 말했다.

　　"뭐가 곧 도착한다는 거예요?"

　　다른 파리 여자 제르베즈가 젊고 뚱뚱한 여자에게 물었다.

　　"죄인 말이에요. 두 시간 동안 공시대에 묶어 놓는다잖아요. 마예트,
죄인이 공시대에 묶인 걸 본 적이 있어요?"

　　"네, 랭스에서 봤어요."

　　"랭스 공시대야 그레브 광장에 있는 것에 비하면 보잘것없지요. 죄인
이라고 해야 기껏 농부 정도일 테고⋯⋯."

　　"뮈스니에, 무슨 말씀이세요? 우리 랭스 사람을 어떻게 보고⋯⋯. 정
말 대단한 죄인이었어요. 자기 부모를 죽인 자였거든요."

마예트는 자존심이 상한 듯 화를 냈다.

세 여자는 잠시 말없이 걸었다.

그런데 마예트가 갑자기 흥분하여 소리쳤다.

"저기 다리 끝에 사람들이 많이 모여 있네요! 그런데 그 가운데 있는 건 뭐죠?"

마예트의 말에 다른 두 여자도 그쪽을 바라보았다.

"글쎄, 무슨 일이지?"

"아, 탬버린 소리가 들리는군요. 아마 에스메랄다가 염소와 함께 춤을 추고 있을 거예요. 우리도 빨리 가 봅시다! 마예트, 뛰어요. 어젠 플랑드르 사신을 보셨으니, 오늘은 집시 계집애를 보셔야죠."

제르베즈가 앞장을 서며 말했다.

그 말에 마예트는 깜짝 놀란 듯 우뚝 멈춰 섰다.

"집시 계집애라고요? 오, 하느님! 그 계집애가 내 아들을 훔쳐가지 않도록 지켜 주소서!"

그러더니 그녀는 아들의 손을 꼭 잡았다.

"별걱정을 다 하네요, 마예트. 집시가 아이를 훔쳐 간다고 누가 그래요?"

제르베즈가 웃었다.

"아니, 조심하는 게 좋아요. 귀뒬 수녀도 똑같은 생각을 하는걸요."

뮈스니에가 말했다.

"귀뒬 수녀가 누구예요?"

마예트가 물었다.

"골방에 숨어 지내는 여자 있잖아요."

"그럼 우리가 지금 빵을 갖다 주려는 그 여자 말예요?"

뮈스니에는 고개를 끄덕였다.

"이유는 모르겠지만, 그 여자는 집시들에 관해서 당신과 같은 생각을 갖고 있어요. 그런데 당신은 왜 집시들이 아이를 훔쳐 간다고 생각하는 거죠?"

"파케트 사건 이후로 그런 생각을 하게 되었어요."

"어떤 사건인데 그래요?"

"정말 유명한 사건인데, 소문도 못 들으신 모양이군요. 18년 전에 있었던 일이에요. 그 때 파케트는 열여덟 살의 아름다운 처녀였어요. 그녀의 아버지는 기베르토라는 음유 시인이었는데, 샤를 7세의 대관식 때 시를 읊을 정도로 실력이 있었지요. 그런데 그는 파케트가 아주 어렸을 때 그만 세상을 떠나고 말았어요. 그래서 그녀는 어머니와 단둘이 살게 되었지요. 어머니는 파케트에게 장식품과 장난감 만드는 방법을 가르치면서 랭스 강가인 폴펜 거리에서 살았어요. 파케트는 정말 예뻤어요. 특히 이가 참으로 가지런했어요. 웃을 때 드러나는 이가 어찌나 예뻤던지 지금도 생각이 날 정도라니까요. 그런데 모녀가 장난감을 만들어 벌어들이는 돈이 일주일에 겨우 6드니에 정도여서 늘 어렵게 살았어요. 그 해 겨울에는 특히 추웠는데, 그들은 땔감을 살 돈이 없어 떨고 지냈지요. 결국 파케트는 거리로 나설 수밖에 없었어요. 곧 많은 남자들이 그 애 주위로 모여들여 몸을 망치고 말았지요. 어느 일요일, 그 애가 목에 금십자가를 걸고 성당에 나왔어요. 그걸 보고 우린 그 애가 타락했다는 걸 알았죠."

마예트는 한숨을 쉬며 눈물을 글썽거렸다.

"그런데 그 일이 집시가 아이를 훔쳐 가는 것과 무슨 상관이 있죠?"

"좀더 들어 보세요. 그러던 어느 날, 파케트는 딸을 낳았어요. 그녀는 아이가 태어난 걸 몹시 기뻐했어요. 그 때 어머니는 이미 세상을 떠나고, 나이가 들면서 찾아 주는 남자도 많지 않아 너무 외로웠거든요.

그 동안 수치와 서러움 속에서 살았는데, 사랑하고 의지할 수 있는 대상이 생겼다고 생각한 거죠. 그 때부터 그녀는 배도 고프지 않고 춥지도 않았어요. 뿐만 아니라, 다시금 얼굴에 생기가 돌며 예전의 아름다움도 찾게 되었죠. 그에 따라 남자들이 다시 그녀를 찾기 시작하고, 그녀는 차츰 쌓이는 돈으로 아이의 옷이며 모자 등을 사들였죠. 아이의 이름은 아네스였어요. 세례명이었죠. 그 애는 틀림없이 도피네 공주님보다 더 많은 리본과 레이스에 싸여 있었을 거예요. 파케트가 아이를 위해 온 정성을 다해 그런 걸 만들었죠. 심지어는 아이 발에 맞는 작은 분홍신까지 만들었답니다."

"그래, 아이는 어땠나요?"

"물론 엄마를 닮아 아주 예뻤죠. 넉 달밖에 안 된 아이가 얼마나 사랑스럽던지! 입보다 더 큰 눈에 곱슬곱슬한 검은 머리가 사람들을 완전히 반하게 만드는 거예요. 남도 그러니, 아이 엄마는 어땠겠어요? 날이 갈수록 아이에게 빠져들었죠."

"재미있는 얘기군요. 그런데 그게 집시와 무슨 상관이 있죠?"

"잠시만 더 들어 보세요. 그러던 어느 날, 랭스에 참으로 이상한 사람들이 나타난 거예요. 그들은 말을 타고 왔는데, 모두 거지며 방랑자였어요. 햇볕에 그을린 얼굴에 은귀고리를 달고, 털 빠진 개를 안고 있었죠. 낡고 땟국물이 흐르는 이불을 안고 있는 사람도 있었어요. 그들은 남부 이집트에서 폴란드를 거쳐 랭스로 왔던 거예요. 교황께서 그들의 기도를 듣고, 속죄를 위해 7년 동안 침대에서 자지 말고 세계를 돌아다니라고 하셨다는 거예요.

그들은 방앗간이 있는 언덕 위의 굴 옆에서 야영을 했지요. 사람들은 모두 그들을 보러 그 곳으로 몰려갔어요. 그들이 사람들의 손금을 보고 점을 쳐 주었기 때문이죠. 하지만 그들이 어린애와 돈을 훔친다는 소문도 있었죠. 사람들은 소문에 아랑곳하지 않고 그들을 찾았어요. 파케트도 그들을 찾아갔어요. 그녀는 자기의 예쁜 딸이 나중에 아르메니아의 황후가 될지 아니면 무엇이 될지 무척 궁금했거든요.

아이의 손금을 본 집시 여자들은, 아이가 장차 정숙한 처녀로 자라 여왕이 될 거라면서 감탄했죠. 그러자 파케트는 무척 기뻐하면서 자기 집으로 돌아왔죠. 다음 날, 그녀는 아이가 자고 있는 틈에 거리로 나와 사람들에게 집시들이 한 말을 자랑하기 시작했어요. 그런데 얼마 후 집으로 돌아와 보니 문이 활짝 열려 있는 거예요. 파케트는 깜짝 놀라 방 안으로 뛰어들어갔어요. 아, 그런데 침대에 있어야 할 아이가 감쪽같이 사라진 거예요! 침대 위에는 그 조그만 분홍신만 한 짝 남아 있었지요. 그녀는 미친 듯이 밖으로 뛰쳐나갔죠. 하지만 아이는 아무데도 없었어요. 시내를 샅샅이 뒤지고 다녔지만, 결국 아이는 찾을 수가 없었어요.

오후에 그녀가 힘없이 집으로 돌아오자, 한 이웃 여자가 집시 여자 둘이 웬 꾸러미를 방에 두고 나가는 걸 봤다고 말해 주었어요. 그녀는 정신없이 방으로 뛰어들어갔죠. 방에서 어린애 울음소리가 들렸거든요. 그런데 세상에 그런 일이 다 있을까요! 글쎄, 침대에는 예쁜 아네스 대신 애꾸눈에 등은 튀어나오고 다리는 비틀어진 괴물 같은 것이 누워 있는 거예요. 그녀는 눈을 가린 채, 마녀들이 자기 딸을 괴물로 바꾸어 놓았다고 온 동네가 떠나가게 소리를 질렀어요.

곧 이웃 사람들이 달려와 그 괴물을 방에서 안고 나왔어요. 그것은 어느 집시 여자가 낳은 아이였지요. 파케트는 침대에 남은 아네스의 분홍신 위에 몸을 던졌어요. 그리고 언제까지나 그렇게 있었어요. 사람들은 그녀가 죽었다고 생각했죠. 하지만 얼마 후 그녀는 분홍신을 가슴에 품고 일어나 미친 듯이 흐느껴 울기 시작했어요. 그 모습을 생각하면 지금도 눈물이 날 지경이라니까요. 그 날 그녀는 랭스 시내를 달리며 이렇게 소리쳤어요. '경찰 나리들, 집시들을 모두 불태워 죽이세요!' 하지만 집시들은 이미 모두 떠난 후였어요. 마침 캄캄한 밤이어서 쫓아갈 수도 없었죠.

다음 날, 랭스에서 20리쯤 떨어진 곳에서 화톳불을 피운 자국과 핏방울과 아네스의 리본이 발견되었어요. 사람들은 그것을 보고 집시들이 아네스를 잡아먹었다고 생각했죠. 하지만 파케트는 그 소리를 듣고도 울지 않았어요. 그리고 하룻밤 사이에 하얗게 센 머리로 어디론가 가 버렸지요."

"이제야 마예트가 그렇게 집시를 무서워하는 까닭을 이해하겠어요."

"그럼 그 집시들이 아네스를 잡아먹은 걸까요? 그게 사실이라면 에스메랄다도 어린애를 잡아먹겠군요! 맞아요, 그 계집애가 염소를 다루는 걸 보면 그러고도 남을 것 같아요!"

두 파리 여자가 말했다.

이윽고 세 여자는 그레브 광장에 도착했다. 그들은 이야기를 하느라고 롤랑의 골방을 지나치는 줄도 몰랐다.

"이 빵, 이제 먹어도 되는 거야?"

마예트의 아들이 그렇게 묻지 않았더라면, 그녀들은 골방 앞에서 잠깐 걸음을 멈추려던 일을 까맣게 잊었을지도 모른다.

"아참, 골방에 들러 이 빵을 주고 가야 하는 걸 잊었네요!"

"정신없이 오다 보니 그렇게 됐군요. 얼른 갑시다."

여자들은 오던 길을 되돌아갔다.

"셋이 한꺼번에 들여다보면 귀될 수녀가 놀랄지도 몰라요. 그러니 두 사람은 잠깐 여기 있어요."

뮈스니에가 골방 창문 쪽으로 가며 두 여자에게 말했다.

창문으로 안을 들여다보던 뮈스니에의 얼굴이 차츰 일그러지더니, 이윽고 눈물을 흘리기 시작했다.

잠시 후, 그녀는 마예트와 제르베즈에게 가까이 오라는 손짓을 했다.

골방 안 한쪽 구석에 아무것도 깔지 않은 바닥에 한 여자가 웅크리고 앉아 있었다. 그녀는 주름이 잔뜩 잡힌 커다란 갈색 자루를 뒤집어쓰고 있었는데, 두 팔로 무릎을 휘감은 채 그 위에 턱을 괴고 있었다. 거의 알몸이나 마찬가지였는데도 그녀는 추위를 느끼는 것 같지 않았다.

마예트도 그녀를 들여다보면서 눈물을 흘렸다.

"저 여자 이름이 뭐죠?"

마예트가 창문에서 눈을 떼며 두 파리 여자에게 물었다.

"귀딀 수녀라고 한답니다."

"난 파케트라고 부르고 싶어요."

그러면서 마예트는 창문 안쪽을 손가락질했다.

두 여자는 그녀가 가리키는 곳을 바라보았다. 귀딀 수녀의 시선이 머물고 있는 그 곳에는 작은 분홍신 한 짝이 있었다.

여자들은 아무 말도 하지 않았다. 아니, 아무 말도 할 수가 없었다. 그들은 마치 성당에라도 들어선 느낌이었다.

"수녀님!"

제르베즈가 안쪽에 대고 소리쳤다.

그러나 귀딀 수녀는 꼼짝도 하지 않았다. 마치 죽은 사람 같았다. 숨도 쉬지 않고, 손가락도 움직이지 않았다.

"나도 좀 보여 줘, 엄마."

마예트의 치맛자락을 당기며 아들이 말했다.

귀딀 수녀는 그 맑고 활기찬 아이의 목소리에 몸을 떨었다. 그녀는 고개를 돌리고 길고 가느다란 손가락으로 흘러내린 머리카락을 끌어올렸다. 그리고 아이를 바라보았다.

"안녕하세요!"

마예트의 아들이 천진하게 인사를 했다.

귀딜 수녀는 다시 한 번 온몸을 떨었다. 그러더니 아이 쪽으로 손을 뻗었다.

"얼른 애를 데려가요. 머지않아 그 집시 계집애가 이리로 지나갈 거예요."

그런 다음, 귀딜 수녀는 그대로 바닥에 엎어져 마치 죽은 듯 꼼짝도 하지 않았다.

세 여자가 놀라서 지켜보고 있으려니까, 귀딜 수녀는 잠시 후에 무릎과 팔꿈치로 기어 조그만 분홍신이 있는 구석으로 갔다.

이어 신음 소리와 입 맞추는 소리가 뒤섞여 들려왔다. 그러나 그 소리는 곧 뚝 끊기고 말았다.

"어머, 혹시 죽은 게 아닐까요?"

마예트가 다시 창살에 매달리며 말했다.

"글쎄 말이에요."

마예트는 잠시 생각에 잠겨 있다가 방 안을 들여다보며 불렀다.

"파케트!"

그 소리에 귀딜 수녀가 소스라치게 놀라 벌떡 일어섰다. 마치 폭탄을 맞은 사람 같았다. 세 여자와 아이는 얼른 뒤로 물러섰다.

"누가 날 부른 거야? 집시 계집이지? 이 천벌을 받을 도둑년!"

귀딜 수녀는 무섭게 얼굴을 찡그린 채 창살에 붙어 서서 바깥을 살피며 소리쳤다.

마침 죄인 공시대 쪽으로 누군가 끌려오고 있었다.

한 모금의 물

　속이 비고 높이가 3미터쯤 되는 돌로 된 건축물인 죄인 공시대 위에
는 결이 촘촘한 떡갈나무로 만든 수레바퀴가 수평으로 달려 있었다. 그
바퀴 위에 죄인이 올려졌다. 죄인은 무릎을 꿇고 앉아 팔을 등 뒤로 돌
린 채 비끄러매졌다. 그러면 안쪽에 감춰진 도르래가 움직여 바퀴를 돌
렸다. 바퀴가 돌면 그 위에 꿇어앉은 죄인도 함께 돌게 되어, 광장의 모
든 사람이 그 얼굴을 볼 수 있었다.

　마침내 죄인이 묶인 채 끌려오자, 형이 집행되기를 기다리던 시민들
은 일제히 환호성을 올렸다. 죄인이 바로 콰지모도였기 때문이다. 바로
전날 광인 교황으로 뽑혀 환호를 받았던 콰지모도, 바로 그가 가죽끈으
로 묶인 채 죄인 공시대에 오르는 것에 사람들은 특별한 흥미를 느낀
것이다.

　"자, 다들 조용히 하시오!"

　나팔수가 시민들을 향해 외쳤다.

　시민들은 잠시 입을 다물고 그를 쳐다보았다. 자신들의 광인 교황이
무슨 죄를 저질렀는지 궁금했던 것이다.

　나팔수는 시장의 판결문을 읽었다. 그 동안 콰지모도는 눈썹 하나 까
딱하지 않았다. 워낙 단단히 묶였기 때문에 움직이는 것이 불가능하기
도 했다. 움직이려고 해 봐야 사슬이 살에 죄어들 뿐 아무 소용도 없었
다.

　나팔수가 물러간 후, 콰지모도는 수레바퀴 위에 앉혀졌다. 그는 반항
하지 않았다. 외투와 셔츠를 벗겨도 꼼짝하지 않았다. 가죽끈으로 다시
묶어도 역시 가만히 있었다. 그저 거칠게 숨을 몰아쉴 뿐이었다.

　벌거벗겨진 콰지모도의 곱사등과 털이 텁수룩하게 난 가슴을 보고 사

람들은 웃음을 터뜨렸다.

드디어 땅딸막하지만 다부져 보이는 집행관 피에라가 공시대 위로 올라왔다.

그는 우선 공시대 한쪽에 검은 모래 시계를 내려놓았다. 모래 시계의 위쪽에는 붉은 모래가 가득 차 있었다. 피에라는 외투를 벗었다.

피에라는 오른손에 번쩍번쩍 빛이 나고 여러 갈래로 갈라진 쇳조각이 달린 가죽 채찍을 쥐고 있었다. 그는 그것을 든 채 발을 굴렀다.

바퀴가 천천히 돌기 시작하자 콰지모도는 몸을 움찔거렸다. 비로소 자신에게 무슨 일이 닥칠지 깨달은 모양이다. 그의 얼굴에는 당황한 기색이 역력했다. 그 표정에 사람들은 전날 광인 교황을 뽑을 때와 마찬가지로 환호했다.

바퀴가 돌아 콰지모도의 등이 자기 앞으로 오자 피에라는 팔을 높이 쳐들었다. 그리고 그 무시무시한 채찍은 공중에서 날카로운 소리를 내며 콰지모도의 어깨 위로 떨어졌다. 그 순간, 콰지모도는 펄쩍 뛰어오르며 고통스러운 표정으로 몸을 비틀었다. 마치 칼로 옆구리를 찔린 황소 같았다.

두 번째 매질이 이어졌을 때도 마찬가지였다. 그러나 매는 그치지 않고 세 번째, 네 번째로 이어졌다. 그 사이에도 바퀴는 쉬지 않고 돌고 있었다.

이윽고 콰지모도의 어깨에서 검붉은 피가 흐르기 시작했다. 허공을 가르며 연달아 떨어지는 채찍은 그 피를 사람들의 얼굴에 튀게 만들었다.

그 피의 색만큼 진한 고통에 콰지모도의 얼굴은 구겨진 종이처럼 일그러졌다. 가죽 채찍이 떨어질 때마다 손과 발이 떨리고 온몸의 근육이 부풀어올랐지만, 그는 입을 굳게 다문 채 신음 소리 한 번 내지 않았다.

매가 더해질수록 콰지모도는 침착함을 되찾아 갔다. 그는 드러나지 않게 자기 몸을 묶은 것을 끊으려 하고 있었다. 자연히 눈이 번쩍이고 근육은 굳어지고 팔다리가 움츠러들면서 가죽끈과 쇠사슬이 당겨지는 것이 보였다. 그러나 가죽끈과 쇠사슬은 오히려 그의 살을 깊이 파고들 뿐이었다.

결국 콰지모도는 쓰러지고 말았다. 그의 얼굴은 고통과 괴로움으로 일그러져 있었다. 그는 외눈을 감고 고개를 푹 숙인 채 마치 죽은 사람처럼 그대로 있었다. 그는 움직이지 않았다. 이어지는 채찍질에도, 집행관의 분노에 찬 고함 소리에도 꼼짝하지 않았다. 다만 터진 상처에서 끊임없이 피가 흐를 뿐이었다.

마침내 말을 탄 채 공시대 옆에 있던 재판소 관리가 검은 지팡이로 모래 시계를 가리켰다. 채찍이 멈추고, 바퀴도 더 이상 돌지 않았다.

집행관의 조수가 콰지모도 곁으로 다가왔다. 그는 피가 철철 흐르는 콰지모도의 어깨를 닦았다. 그리고 고약을 발라 문질러 주었다. 피가 멈추자, 그는 콰지모도의 어깨에 노란 옷을 걸쳐 주었다.

그러나 아직 형이 다 끝난 것은 아니었다. 공시의 시간이 남아 있었던 것이다. 콰지모도는 그 두 시간을 채워야 비로소 풀려날 수 있었다. 집행관이 모래 시계를 뒤집어 놓았다.

콰지모도는 들을 수는 없었지만 눈은 밝았다. 한쪽 눈으로도 못 보는 것이 없었다. 그는 자신을 재미있는 구경거리로 여기는 군중들의 마음을 그들의 표정에서 읽어 냈다. 그는 험상궂은 표정으로 그들을 둘러보았다. 그러나 꽁꽁 묶인 상태로는 아무리 위협적인 표정을 짓는다 해도 소용이 없었다. 그는 다만 격렬하게 몸부림을 칠 뿐이었다. 그러자 낡은 수레바퀴가 삐걱거렸다.

다시 모래 시계가 뒤집어졌을 때, 군중 사이에서 말을 탄 신부가 나타났다. 순간, 콰지모도의 얼굴이 밝아졌다. 분노로 일그러졌던 얼굴은 부드러워지고, 긴장으로 굳어졌던 근육들도 풀어졌다. 그는 마치 구원자라도 만난 듯 환한 미소를 띠었다. 말을 타고 나타난 사람은 다름 아닌 클로드 부주교였던 것이다.

그러나 클로드 부주교는 공시대 위의 콰지모도를 보더니, 당황한 듯 눈길을 돌리며 황급히 돌아섰다. 창피스러운 꼴을 당했다는 표정이 역력했다.

콰지모도의 표정이 다시 일그러졌다. 그는 낙심하여 눈을 감았다.

시간은 무심히 흘러갔다. 그 사이에도 사람들은 떠나지 않고 그를 지켜보았다. 콰지모도는 분노에 찬 표정으로 그들을 쏘아보았다. 그러다 한 시간 반 정도 지나자, 그는 갑자기 격렬하게 몸부림치기 시작했다.

"물! 물 좀 줘!"

그는 쉰 목소리로 외치며 몸을 비틀었다.

고통에 찬 절규였다. 마치 사나운 짐승이 울부짖는 것 같았다. 사람들은 동정심을 느끼기는커녕 더욱더 재미있어 했다. 물론 그 때까지도 콰지모도의 얼굴에서는 피가 흐르고 있었고, 눈동자는 분노로 이글거렸다. 또한 입은 반쯤 열린 채 혀가 쑥 빠져 나와 있었다.

"물 좀 달라니까!"

콰지모도는 더욱 절망적으로 외쳤다.

그러나 그에게 물을 주는 사람은 없었다. 오히려 더러운 벌레를 대하듯 모래나 걸레 쪼가리를 그의 얼굴에 던졌다.

그 때 사람들을 헤치고 나오는 한 여자가 있었다. 에스메랄다였다. 콰지모도는 당황하지 않을 수 없었다. 그녀는 바로 간밤에 자신이 납치하려던 여자였던 것이다. 어쩌면 사람들이 분노하는 것도 그 때문인지 몰랐다. 그는 에스메랄다 역시 자신을 때리거나 욕하기 위해 올라온다고

생각했다.

에스메랄다는 빠른 걸음으로 사다리를 타고 올라왔다. 그 순간, 콰지
모도는 공시대를 때려부수고 싶은 심정으로 분노와 미움이 뒤섞인 얼굴
을 돌렸다.

그러나 에스메랄다는 담담한 표정으로 콰지모도에게 다가왔다. 그녀
는 그의 앞에 앉아 허리띠에서 물통을 풀었다. 그리고 그의 마르고 갈
라진 입술에 물통 주둥이를 대어 주었다.

이 뜻밖의 친절에 콰지모도의 눈빛이 일순간에 풀어졌다. 그와 동시
에 눈동자가 촉촉하게 젖어들었다. 물통의 물이 목구멍으로 흘러들어가
는 동안 그는 굵은 눈물을 뚝뚝 떨어뜨렸다.

에스메랄다는 생긋 웃으며 그의 뻐드렁니 사이로 더욱 깊이 물통 주
둥이를 들이밀었다. 물이 그의 목구멍을 타고 꿀꺽꿀꺽 넘어갔다.

물을 다 마시고 난 콰지모도는 입술을 쑥 내밀었다. 은인의 손에 입을 맞추고자 한 것이었다. 그러나 에스메랄다는 간밤의 일이 생각났는지 깜짝 놀라서 얼른 뒤로 물러섰다.

콰지모도는 잠시 원망스러운 듯 그녀를 바라보았다. 하지만 그 아름다운 얼굴을 보고 있는 동안 그의 마음속에 가득 차 있던 분노와 미움이 모두 사라졌다.

에스메랄다가 공시대 위에서 보여 준 행동은 콰지모도뿐만 아니라 구경하던 사람들에게도 큰 감동을 주었다.

사람들은 손뼉을 치며 소리쳤다.

"에스메랄다! 에스메랄다!"

그 때 골방에 있던 귀될 수녀가 창 밖으로 고개를 내밀었다.

"못된 집시 계집애, 천벌을 받아라!"

그녀는 에스메랄다를 향해 저주를 퍼부었다.

에스메랄다는 얼굴이 새파랗게 질려 공시대를 내려왔다. 그러나 귀될 수녀는 욕설을 멈추지 않았다.

"이 천벌을 받을 년! 머지않아 네가 그 위로 올라갈 날이 올 거야!"

에스메랄다의 비밀

날씨가 제법 따사로운 3월 초순, 파리 시민들은 노트르담 성당을 구경하러 몰려들었다.

해는 이미 서쪽으로 기울어, 노을이 성당의 정면을 따라 올라가며 그림자로 수많은 무늬를 만들었다.

노트르담 성당 맞은편 파르비 거리 모퉁이에는 고딕식으로 지어진 화려한 저택이 하나 있었다. 그 저택의 발코니에서 화사한 옷차림의 아리

따운 아가씨들이 이야기를 나누고 있었다.

바로 플뢰르 드 리스 공들로리에 아가씨와 그녀의 친구들이었다. 모두 부유한 귀족 가문의 딸들이었다.

그들이 공들로리에 저택에 모인 것은 피카르디에서 마르그리트 황태자비를 모셔올 시녀를 뽑기 위해서 왕과 왕비가 4월에 파리에 올 예정이기 때문이었다.

파리를 비롯한 주위의 시골 귀족들은 자신의 딸이 그 영예를 얻기 바랐다. 따라서 몇몇 귀족들은 벌써부터 딸을 파리로 데려다 놓았던 것이다. 특히 그 저택에 모인 아가씨들의 부모는 옛 궁중 사수 대장의 미망인인 알로이스 드 공들로리에 부인을 믿고 딸들을 맡긴 터였다.

아가씨들이 있는 발코니는 침실과 연결되어 있었다. 공들로리에 부인은 그 침실 벽난로 앞 안락 의자에 앉아 있었다.

부인의 옆에는 한 청년이 서 있었다. 청년은 언뜻 보기엔 꽤 용맹스러운 듯했지만, 자세히 살펴보면 다소 허풍스러운 것 같기도 했다. 하지만 여자라면 누구라도 반할 만큼 잘생긴 얼굴에 근위대 장교 복장을 하고 있었다. 근위대 중대장 페뷔스였다.

아가씨들 중 몇 명은 발코니에 있었고 몇 명은 방 안에 있었다. 그들은 함께 휘장을 짜고 있었다. 무릎에 커다란 휘장 한 자락씩을 올려놓고 이야기를 하면서 손가락을 움직였다. 젊은 남자가 옆에 있어서인지, 그녀들의 행동은 자연스럽지 못했다. 한껏 과장된 목소리와 몸짓으로 소곤거리거나 웃어 댔으며, 아름다운 목소리로 이야기하다 슬쩍 페뷔스를 훔쳐보기도 했다.

그러나 정작 페뷔스는 아가씨들에게 관심이 없는 듯했다. 그저 사슴 가죽 장갑을 낀 손으로 혁대의 버클을 닦을 뿐이었다. 그러다 부인이 말을 걸면 예의 바르게, 그러나 가능한 한 간단하게 대꾸하곤 했다.

"여보게, 자네는 리스보다 더 귀엽고 사랑스런 처녀를 본 적이 있나? 저 흰 살결과 반짝이는 머리카락을 좀 보라고! 또 저 백조 같은 목은 어떤가?"

"그렇군요."

청년의 반응은 시원치 않았다.

그러나 부인의 눈에는 딸의 손짓 하나 몸짓 하나가 그렇게 사랑스러울 수 없었다. 따라서 그녀는 페뷔스가 얼마나 권태로워하는지 알아차리지 못했다.

"이제 결혼할 사인데 뭘 그렇게 수줍어하나? 이렇게 서 있지만 말고 가서 얘기 좀 하게."

부인은 페뷔스를 리스 쪽으로 슬쩍 밀었다.

페뷔스는 마지못한 듯 리스에게 다가가서 물었다.

"지금 수놓는 게 뭡니까?"

"바다 신들의 궁전이라고 벌써 세 번이나 얘기했잖아요."

리스는 그의 무관심을 원망하듯 입술을 뾰로통하게 내밀었다.

"미안합니다. 그런데 그걸로 뭘 할 건가요?"

"생 탕투안 수도원에 기증할 거예요."

페뷔스의 성의 없는 질문에 리스도 간단하게 대꾸했다. 토라졌다는 뜻이었다.

그 때 리스의 조카인 일곱 살짜리 소녀 베랑제가 발코니에서 소리쳤다.

"리스 고모, 저것 좀 봐요! 어떤 여자가 춤을 추고 있어요! 염소에게 재주도 부리게 하고요."

멀리서 탬버린 소리가 들려왔다.

"아마 집시 계집애겠지."

리스는 별 흥미를 보이지 않았다.

그러나 친구들은 발코니 쪽으로 우르르 몰려갔다.

아가씨들은 발코니에 기대어 멀리 광장을 바라보았다. 리스는 친구들의 뒤를 따라 천천히 발코니로 나갔다. 그러자 페뷔스는 마치 지긋지긋한 속박에서라도 풀려난 듯 홀가분한 표정이 되어 다시 방 안으로 들어갔다.

그가 보기에도 리스는 분명히 아름답고 상냥했다. 그러나 그는 웬일인지 그녀가 맘에 들지 않았다. 머지않아 결혼식을 올린다는 것을 생각하면 도망이라도 가고 싶은 심정이었다. 그 이유는 그 때까지 그가 살아온 생활 방식과 깊은 관계가 있다고 할 수 있었다.

그는 지체 높은 가문에서 태어났음에도 불구하고 여러 곳을 돌아다니며 지냈다. 근위 헌병대에 근무했기 때문이다. 그는 여기저기 옮겨다니면서 술과 여자를 가까이 했다. 아무 술이나 가리지 않고 마셨으며, 아무 여자나 가리지 않고 상대했다. 따라서 그는 아무리 아름답고 고상한 여자라도 잠깐 만나 사귀는 여자와 다르게 생각하지 않았다. 오히려 그 까다로움이 거북했다.

그러므로 그는 리스와 함께 있는 것이 즐겁지 않았다. 더구나 언제 자신의 입에서 상소리가 튀어나올지 몰라 항상 긴장해야 했으므로, 리스를 만난다는 것은 그에게 여러 가지로 고통스러운 일이었다.

"당신은 두어 달 전 불량배를 열두 명이나 물리치고 집시 여자를 구해 주었다고 하셨죠?"

리스가 벽난로 옆에 서 있는 페뷔스에게 다가가 물었다.

"그런 일이 있었죠."

"그렇다면 지금 저기서 춤추고 있는 집시 여자가 그녀인지도 모르겠군요. 같이 가 봐요."

리스는 조금 전과는 달리 부드러운 태도로 페뷔스를 이끌었다.

그녀의 말에 페뷔스는 천천히 발코니로 나갔다.

"보세요, 저기 저 여자 맞나요?"

리스는 페뷔스의 팔에 손을 올려놓으며 다정하게 물었다.

"그렇군요. 저 염소를 보니 맞는 것 같군요."

"어머, 아주 예쁜 염소군요!"

리스의 친구들이 소리쳤다.

"그런데 고모, 저 위에 검은 옷을 입고 있는 사람은 누구예요?"

베랑제가 노트르담 성당의 높은 탑을 가리키며 물었다.

아가씨들과 페뷔스는 베랑제가 가리키는 쪽을 보았다. 과연 한 남자가 난간에 팔꿈치를 댄 채 광장 쪽을 보고 있었다. 바로 클로드 부주교였다.

"저건 부주교 클로드 신부님이야."

리스가 베랑제의 머리를 쓰다듬으며 대답했다.

"여기서 그를 알아보다니 눈도 참 밝네!"

한 아가씨가 감탄하여 말했다.

"신부님이 넋을 잃고 춤 구경을 하고 계시네."

다른 아가씨가 고개를 갸웃거렸다.

"그게 아니야. 부주교님은 집시를 몹시 싫어하시는걸."

"싫은데 저렇게 보고 있단 말이야?"

베랑제가 이해가 안 된다는 듯 눈을 깜빡이며 리스를 올려다보았다.

리스는 구원이라도 청하듯 페뷔스를 돌아보며 말했다.

"페뷔스, 당신이 저 집시 여자를 아신다니, 한번 이쪽으로 오라고 해 봐요. 재미있을 것 같아요."

그러자 리스의 친구들도 모두 손뼉을 치며 좋아했다.

"저 여자는 날 벌써 잊었을지도 몰라요. 그리고 난 이름도 모르는데…… . 하지만 아가씨들의 소원이라면 한번 불러 봅시다."

그는 마지못해 대꾸했다. 그러더니 발코니 난간에 바짝 몸을 갖다 대고 소리를 질렀다.

"이봐요, 아름다운 아가씨!"

마침 에스메랄다는 탬버린을 치지 않고 있었다. 그녀는 소리나는 쪽으로 고개를 돌렸다. 순간, 그녀의 눈이 반짝 빛났다. 그녀는 춤을 멈추고 그를 바라보았다.

에스메랄다가 돌아보자, 페뷔스는 손짓으로 오라는 신호를 보냈다. 에스메랄다의 볼이 빨갛게 달아올랐다. 다음 순간, 그녀는 마치 최면에 걸린 듯 겨드랑이 사이에 끼고 있던 탬버린을 손에 들고 공들로리에 저택을 향해 걷기 시작했다.

잠시 후, 에스메랄다가 들어서자 집 안이 환해지는 느낌이 들었다.

아가씨들은 에스메랄다를 위아래로 훑어보았다. 그 눈길이 여간 쌀쌀맞지 않았다. 그러나 에스메랄다는 아가씨들의 눈길에는 아랑곳하지 않았다.

"정말 아름다운 아가씨죠? 안 그래요, 리스?"

페뷔스가 에스메랄다를 소개하듯 말했다.

"밉지는 않네요."

리스의 목소리는 몹시 쌀쌀맞았다.

그것은 에스메랄다의 완벽에 가까운 아름다움에 여자로서 느끼는 질투이자 시기였다. 그것은 다른 아가씨들도 마찬가지였다.

이쯤 되자 부인이 나서지 않을 수 없었다. 그녀는 어쩌면 딸인 리스보다 더 심한 질투를 느꼈는지도 몰랐다.

"아가씨, 이쪽으로 와 봐."

부인이 어색하게 서 있는 에스메랄다를 불러 의자에 앉혔다.

"나를 알아볼지 모르겠군요."

페뷔스가 그녀에게 가까이 가며 말했다.

"알아보고말고요!"

"기억력이 좋은 모양이군."

리스가 끼어들었다.

"그런데 왜 그날 밤엔 그렇게 빨리 달아나 버렸죠? 내가 무서운가?"

"아니, 그렇지 않아요!"

에스메랄다는 깜짝 놀라 외쳤다.

페뷔스의 얼굴에는 미소가 떠올랐다.

"그럼 왜 그랬지요?"

"그건 비밀이에요. 말할 수는 없지만, 아무튼 무서워서 그런 건 아니에요."

그 말을 할 때 에스메랄다의 표정이 리스의 기분을 상하게 했다. 특히 페뷔스가 '정말 예쁜 아가씨군!' 이라는 말을 되풀이했을 때 그녀의 기분은 말할 수 없이 망가지고 말았다.

"그런데 어쩌면 옷을 이렇게 천박하게 입었을까?"

한 아가씨가 하얀 이를 드러내며 웃어 댔다.

그녀의 이 말은 하나의 신호가 되어 다른 아가씨들도 너도나도 나서기 시작했다.

"정말!"

"치마도 너무 짧은 것 같아."

아가씨들은 에스메랄다의 주위를 돌며 질세라 한 마디씩 했다.

에스메랄다는 입을 꼭 다물었다. 분노와 수치심에 어쩔 줄 몰라했다.

"아가씨들이 뭐라고 하든 신경쓰지 말아요. 당신 옷차림이 좀 색다르

긴 하지만, 그러면 어때? 특히 당신같이 아름다운 아가씨는 아무래도 괜찮아요."

페뷔스가 능청스럽게 웃으며 에스메랄다 편을 들어 주었다.

순간, 그녀의 눈이 기쁨과 자랑으로 아름답게 빛났다.

"아니, 이게 뭐야! 아니, 이런 더러운 짐승이 어딜 들어오는 거야! 저리 못 가!"

공들로리에 부인이 소리쳤다.

염소가 에스메랄다에게 다가가려다 그녀를 슬쩍 스친 것이었다. 그러나 그것은 핑계였을 뿐, 실상은 페뷔스의 말에 모욕을 느낀 나머지 엉뚱한 염소에게 화풀이를 한 것이었다.

"아, 이 염소는 발이 금빛이네!"

베랑제가 염소를 보고 좋아서 팔짝 뛰었다.

에스메랄다는 무릎을 꿇고 얼른 염소를 끌어당겼다.

"아참, 저 여자는 마술사라지? 염소를 아주 기가 막히게 다룬다던데."

한 아가씨가 말했다.

"그럼 우리 좀 즐겁게 해 달라고 할까? 이봐요, 그 염소에게 재주를 부리라고 해 봐요."

다른 아가씨가 말했다.

"무슨 말씀이세요?"

에스메랄다는 시치미를 떼고 되물었다.

"마술 말이에요."

"전 그런 거 몰라요."

에스메랄다가 염소를 쓰다듬으며 대꾸했다.

"그건 뭐예요?"

리스가 염소 목에 걸린 가죽 주머니를 가리키며 물었다.

"말씀드릴 수 없어요."

에스메랄다는 정색을 하며 뒤로 물러났다.

"아무것도 보여 줄 게 없다면 왜 여기 온 거지?"

부인이 못마땅하다는 듯 얼굴을 찌푸리며 말했다.

"죄송합니다."

에스메랄다는 그녀들의 냉대에 문득 서러움을 느꼈다. 그녀는 잠자코 문 쪽으로 가다가 갑자기 멈춰 서더니, 눈물이 괸 눈으로 페뷔스를 돌아보았다.

"가기 전에 아가씨 이름이나 좀 가르쳐 줘요."

페뷔스가 얼른 말했다.

"에스메랄다예요!"

그녀는 그에게서 눈을 떼지 않고 말했다.

그 순간, 아가씨들이 웃음을 터뜨렸다.

"에스메랄다? 무슨 이름이 그래?"

"마술쟁이 이름 같아."

에스메랄다는 서둘러 저택을 나가기 위해 염소를 찾았다.

그런데 염소는 어느 새 베랑제와 친해져 있었다. 베랑제는 방 한쪽 구석에서 염소에게 과자를 주며 다정하게 쓰다듬고 있었다.

그러다가 베랑제는 염소 목에 있는 주머니를 풀어, 그 속에 있는 것을 바닥에 쏟아 놓았다. 그것은 나무로 깎아 만든 알파벳이었다.

나무 조각이 바닥에 펼쳐지자, 염소가 얼른 다가와 글자들을 하나씩 앞으로 끌어 냈다. 그런 다음, 그것을 일정한 순서로 늘어놓았다. 그러자 그것은 하나의 낱말이 되었다.

"고모, 이리 좀 와 봐요! 염소가 글자를 썼어요."

베랑제가 리스를 불렀다.

리스는 곧 그쪽으로 달려가 염소가 늘어놓은 글자를 보았다. 그 순간, 그녀는 자기도 모르게 몸을 떨었다. '페뷔스'라는 글자가 눈에 들어왔던 것이다.

"정말 이걸 염소가 썼단 말이니?"

리스가 떨리는 목소리로 물었다.

"맞아요. 염소가 썼어요."

베랑제가 신기하다는 표정으로 말했다.

그러자 부인과 다른 아가씨들도 달려왔다. 그들은 놀란 얼굴로 염소와 에스메랄다를 번갈아 바라보았다.

에스메랄다는 염소로 인해 자기 비밀이 드러나자 얼굴이 빨개진 채 떨기 시작했다. 그녀는 이미 마음속 깊이 페뷔스를 사랑하고 있었던 것이다.

그러나 정작 페뷔스는 기쁨을 감추지 못하고 유쾌하게 웃었다.

"아, 당신이 말한 비밀이 이것이었군요."

"당신은 기억력이 정말 좋군요!"

리스는 굳어진 채 꼼짝도 못하고 서 있는 에스메랄다를 향해 쏘아붙였다. 그러더니 갑자기 바닥에 쓰러져 흐느껴 울기 시작했다.

"리스!"

공들로리에 부인은 얼른 딸을 안아 일으켜 등을 두드려 주었다. 그리고 괘씸한 듯 에스메랄다를 흘겨보면서 소리쳤다.

"냉큼 나가, 이 악마야!"

에스메랄다는 황급히 글자들을 주워 모으기 시작했다.

아가씨들은 리스를 부축하여 침실로 옮겼다. 그 사이에 에스메랄다는 염소를 이끌고 도망치듯 저택 문을 나섰다. 홀로 남겨진 페뷔스는 어떻

게 할까 잠시 망설이더니, 밖으로 나와 에스메랄다의 뒤를 따랐다.

형과 아우

클로드 부주교는 춤추는 에스메랄다를 내려다보던 탑에 비밀실을 가지고 있었다. 그는 날마다 해가 지기 한 시간 전에 그 골방 같은 비밀실에 와서 새벽녘까지 혼자 있곤 했다.

그 날도 그는 그 비밀실에서 연구를 하기 위해 자물통에 막 열쇠를 꽂고 있었다. 그 때 광장 쪽에서 탬버린 치는 소리가 들렸다. 그러자 그는 다시 열쇠를 빼고 급히 종탑 꼭대기로 올라갔다. 그 곳에서는 파리 시내가 다 내려다보였지만, 그는 오직 광장 한귀퉁이만 바라보았다. 바로 거기서 에스메랄다가 춤을 추고 있었던 것이다.

그런데 그녀에게서 몇 걸음 떨어진 곳에 있는 의자에 한 남자가 앉아 있었다. 남자는 빨강과 노랑이 섞인 옷을 입고 있었다.

"저자는 뭐지? 지금까지 저 여잔 혼자였는데……."

클로드 부주교는 그 남자를 발견하고 입술을 깨물었다. 그는 기분이 몹시 상한 듯 몸을 벌떡 일으켰다. 그리고 정신없이 나선형의 계단을 뛰어내려갔다.

탑을 내려가다 종루 앞을 지날 때, 슬레이트 차양의 틈새로 몸을 내민 채 광장을 내려다보고 있는 콰지모도가 보였다. 얼마나 열심히 바라보고 있는지, 클로드 부주교가 지나가는 것조차 알아채지 못했다.

"이상한 일이군. 저놈도 집시 처녀를 보고 있는 걸까?"

클로드 부주교는 고개를 갸웃거리며 계단을 내려갔다.

그는 종탑 아랫문을 통해 광장으로 나왔다. 그리고 바로 에스메랄다를 둘러싸고 있는 구경꾼 무리 속에 섞여들었다. 그러나 에스메랄다의 모습은 보이지 않았다.

"그 집시 여자는 어딜 간 거요?"

그는 구경꾼들을 둘러보며 물었다.

"방금 저쪽으로 갔어요. 저 집에 있는 사람이 불렀거든요. 아마 춤을 추러 간 모양이에요."

옆에 섰던 사람이 대답했다.

에스메랄다가 춤을 추고 있던 양탄자 위에는 조금 전 의자에 앉아 있던 남자가 있었다. 그는 팔을 허리에 붙이고, 머리를 뒤로 젖힌 채 이빨로 의자를 물고 있었다. 그 의자 위에는 고양이 한 마리가 비끄러매져 있었다. 그는 그 상태로 동그란 원을 그리며 걸었다.

그 남자가 바로 그랭구아르라는 것을 알고 클로드 부주교는 깜짝 놀랐다.

"그랭구아르, 뭘 하는 건가?"

클로드 부주교의 엄한 목소리에 어설픈 곡예를 부리던 그랭구아르는 당장 균형을 잃고 의자와 고양이를 구경꾼들 사이로 떨어뜨리고 말았다.

"시, 신부님……."

클로드 부주교는 당황한 나머지 말을 잇지 못하는 그랭구아르에게 따라오라고 손짓을 했다. 그랭구아르는 얼른 그를 따라갔다. 그렇지 않았으면 고양이나 의자에 상처를 입은 사람들에게 매를 맞았을지도 모를 일이었다.

클로드 부주교는 그랭구아르를 노트르담 성당으로 데리고 갔다. 성당은 이미 어둠에 감싸여 있었는데, 특히 본당은 사람들의 발길이 끊겨 고요했다.

성당 안으로 들어선 클로드 부주교는 비로소 그랭구아르를 뚫어지게 바라보았다. 그랭구아르는 고개를 들지 못했다. 어릿광대 옷을 입고 있는 자신이 몹시 부끄러웠던 것이다.

"그랭구아르, 도대체 어찌 된 일인가? 그 동안 어디서 뭘 했나? 그리고 그 옷차림은 또 뭔가?"

클로드 부주교는 진지하게 물었다. 전혀 빈정거리거나 비웃는 기색이 아니었다.

"정말 희한한 차림새죠? 사실 저도 아직 실감이 나지 않습니다. 제가 이런 꼴을 하고 있다는 게 말입니다. 저도 시인으로 유명해지고 싶었습니다. 하지만 어떡하겠습니까? 아무리 아름다운 시구라도 치즈 한 덩이 값어치도 안 되는걸요. 신부님도 아시다시피 저는 플랑드르의 마르그리트 공주를 위해 극시를 지었지만, 시 당국으로부터 땡전 한 푼 받지 못했습니다. 굶어죽을 판이었지요. 그런데 이제 저의 친구가 된 거지들이 여러 가지 재주를 가르쳐 주어, 이렇게 굶지 않고 살 수 있게 되었습니다."

그랭구아르는 처량한 목소리로 말했다.

"잘된 일이군. 그런데 왜 집시 여자와 함께 있는 건가?"

"신부님, 그 여자는 제 아내입니다. 그리고 저는 그 여자의 남편이고요."

그랭구아르는 자랑스럽게 말했다.

순간 클로드 부주교의 눈에서는 불길이 이는 듯했다.

"그게 정말인가? 그런 계집과 놀아나다니, 자넨 하늘이 두렵지 않은가!"

클로드 부주교는 그랭구아르를 노려보며 성난 목소리로 나무랐다.

"선생님, 그렇게 말씀하시면 곤란합니다. 하늘에 맹세컨대 저는 그 여자에게 결코 손대지 않았습니다."

"그렇다면 남편이니 아내니 하는 소리는 다 뭐야?"

클로드 부주교의 날카로운 추궁에 그랭구아르는 기적의 거리에서 겪은 일을 다 이야기했다.

"하지만 아직까지 신방을 못 차린 걸 생각하면 정말 미치겠습니다."

"그게 무슨 뜻인가?"

"그녀는 남자를 가까이할 수 없는 몸이랍니다. 그건 미신 때문인데, 만일 순결을 잃으면 그녀가 가지고 있는 부적의 효과가 없어진다는 겁니다. 그러면 어려서 헤어진 부모를 찾을 수 없게 된다는 거죠. 그 여자는 자신을 지키기 위해 세 가지를 준비해 두었습니다. 첫째는 이집트 노인이고, 그 다음은 그녀와 함께 있는 기적의 거리 사람들입니다. 그들은 그녀를 마치 성모 마리아처럼 숭배하고 있답니다. 마지막은 칼입니다. 그녀는 파리 시장의 금지령에도 불구하고 몸 어딘가에 예쁘장한 단도를 지니고 있답니다. 만일 누가 달려들면, 그녀는 곧 그 단도를 빼어들죠."

그랭구아르는 이야기를 꺼낸 김에 에스메랄다를 미워하는 두 사람에 대해서도 말했다.

"한 사람은 투르 롤랑의 옛 집에 사는 여인이고, 다른 한 사람은 검은 옷의 신부예요."

그랭구아르의 말에 클로드 부주교는 당황한 기색을 보였다. 그러나 그랭구아르는 이야기하는 데 정신이 팔려 그런 눈치를 채지 못했다.

"에스메랄다는 다른 집시처럼 점을 치거나 마술을 부리지 않아요. 예쁘고 매혹적이고 남에게 해를 끼치지 않는 여자지요. 염소 잘리도 얼마나 영리하고 온순한지 모른답니다. 에스메랄다는 염소를 훈련시키는 데 특별한 재주가 있는 것 같아요. 나무 조각으로 '페뷔스'라는 단어를 만드는 데 불과 두 달밖에 안 걸렸거든요."

"페뷔스?"

페뷔스라는 말에 클로드 부주교가 되물었다.

"아마 그 말이 어떤 마술의 효능을 지녔다고 생각하는 모양이에요. 그 여자는 혼자 있을 때마다 그 말을 중얼거리곤 하거든요."

"그랭구아르, 자네 그녀에게 손가락 하나 대지 않았다는 말 맹세할 수 있나?"

클로드 부주교가 그랭구아르의 눈을 똑바로 쏘아보며 물었다.

"물론입니다. 부모님의 영혼뿐만 아니라 할아버지의 영혼을 걸고도 맹세할 수 있습니다! 그런데 그게 신부님과 무슨 상관이죠?"

순간, 클로드 부주교의 얼굴이 불에 덴 듯 붉어졌다. 그는 고개를 숙이며 그랭구아르에게 호통을 쳤다.

"그, 그건 자네를 생각해서야! 내 말 잘 듣게. 난 자네에게 관심도 많고 또 자네가 잘 되길 바란다네. 만약 그 집시 계집애의 털끝 하나라도 다치게 한다면 자넨 지옥의 구렁텅이로 빠질 걸세. 인간의 영혼을 타락시키는 것은 육체야. 알았지?"

클로드 부주교는 갑작스러운 호통에 놀라 멍하니 서 있는 그랭구아르를 남겨 놓은 채 어둠 속으로 사라져 갔다.

콰지모도가 형벌을 받은 뒤, 파리 사람들은 노트르담 성당의 종소리가 전과는 달리 맑지 않다는 것을 느꼈다.

사실 콰지모도는 종치는 일에 시큰둥했다. 예전에는 걸핏하면 종각에 매달려 새벽 조례가 시작될 때부터 끝날 때까지 종을 치곤 했다. 대미사 때는 큰 종들을 쳤으며, 영세와 혼례가 있을 때는 크고 작은 종으로 풍부한 음계를 내기도 했다. 따라서 낡은 성당은 끊임없이 울리는 종소리로 언제나 즐거움에 들떠 있는 것 같았다.

그런데 그 날 이후 종소리에는 맥이 빠진 듯했다. 축제와 장례식 때조차 극히 의례적인 종소리만 울릴 뿐이었다. 대신 오르간 소리가 성당 안에서 울려 퍼지곤 했다.

그러다 한동안 듣지 못했던 맑은 종소리를 다시 듣게 된 것은 3월 25일이었다. 그 날은 수태고지(가브리엘 천사가 마리아에게 예수를 잉태할 것을 알려 준 일을 말함)를 기념하는 날이었다. 하늘은 참으로 맑고 상쾌했다. 콰지모도도 오랜만에 머릿속의 구름이 걷히는 느낌이었다. 문득 가슴 한편에서 종에 대한 애착이 밀려오는 것 같았다.

그는 비호같이 높은 종루로 올라갔다. 그리고 종들을 바라보았다. 종은 모두 여섯 개였다. 그 종들이 슬픈 듯 안타까운 듯 그를 굽어보고 있었다. 그는 줄을 잡아당겨 보았다. 주렁주렁 달린 종들의 미세한 움직임이 느껴졌다.

그 순간, 그는 모든 괴로움을 잊었다. 당장 얼굴과 가슴을 활짝 펴고 이 밧줄에서 저 밧줄로 뛰어다녔다. 그러다 손뼉을 치기도 했다. 그리하여 잠자고 있던 종들을 일깨워 가장 아름다운 소리를 내도록 했다. 신명난 몸짓이었다.

"자, 가브리엘, 실컷 울어라! 오늘은 축제일이다. 티볼, 게으름을 피우면 안 돼! 자, 자, 모든 사람들을 나와 같은 귀머거리로 만들어라!"

그는 정신없이 뛰어다니며 줄을 흔들어 댔다.

"이봐, 파스키! 더 크게 울어야지. 자, 두 마리의 참새도 실컷 울어라! 가엾은 기욤, 너는 벌써 숨이 찬 거냐?"

콰지모도의 목소리는 종소리를 타고 퍼져 나갔다.

그의 마음을 아는지, 종소리는 지나가는 사람들이 뒤돌아볼 정도로 맑고 깨끗했다.

콰지모도가 종 치는 일을 멈춘 것은 에스메랄다 때문이었다.

종탑의 슬레이트 지붕 사이로 광장으로 걸어나오는 에스메랄다가 보였던 것이다.

그토록 맑게 울리던 종소리가 뚝 멈추었다. 갑자기 음악에 대한 정열이 식어 버린 것이다. 콰지모도는 슬레이트 차양 위에 웅크리고 앉아 에스메랄다를 바라보았다.

그녀는 걸음을 멈추고 그 곳에 양탄자를 깔았다. 그리고 염소와 함께 그 위에 올라갔다. 금세 구경꾼들이 몰려들기 시작했다.

그로부터 며칠 뒤의 어느 날이었다. 아침에 침대에서 일어나 옷을 입던 장 물랭은 지갑을 꺼내 방바닥에 던져 버렸다.

"가엾은 지갑아, 주사위와 맥주병과 비너스가 네 창자를 사정없이 긁어 냈구나! 형님에게 설교를 들으러 갈 때가 되었다. 하지만 잘 참아야 한다. 그래야 몇 푼이라도 얻을 수 있을 테니까."

장 물랭은 조끼를 입으면서, 또 구두 끈을 매면서 어떻게 할까 생각해 보았다.

그로서는 쉽게 결정할 수 없는 일이었다. 돈을 얻자니 잔소리가 듣기 싫었고, 돈을 포기하자니 배가 고팠다. 그러다 그는 재빨리 외투를 걸치고 모자를 주워 썼다. 그리고 미친 사람처럼 밖으로 뛰쳐나갔다.

이윽고 장 물랭은 노트르담 성당 앞에 이르렀다.

'보자마자 잔소리를 늘어놓겠지만, 그런 다음에는 돈을 좀 주겠지.'

그는 마침 수도원에서 나오는 성당지기를 멈춰 세웠다.

"부주교님은 어디 계신가요?"

"북쪽 탑에 있는 밀실에 계실 겁니다. 하지만 가지 않는 게 좋을 겁니다. 교황이나 국왕 폐하의 심부름을 오신 게 아니시라면 말입니다."

성당지기의 말에 장 물랭은 잘됐다고 손뼉을 치며 당장 북쪽 탑으로 향했다.

계단은 올라가도 올라가도 끝이 없었다.

"빌어먹을! 뭐가 이렇게 높아?"

그는 투덜거리면서 계속 올라갔다.

얼마나 올라갔을까, 드디어 작은 문이 눈 앞에 나타났다.

"여기가 그 유명한 밀실이군."

그는 숨이 차서 헐떡거리며 살그머니 문을 밀어 보았다. 그리고 그 틈으로 머리를 디밀었다.

방 안은 파우스트의 골방과 흡사했다. 햇빛도 들지 않고 공기도 잘 통하지 않아서 캄캄하고 눅눅하여, 마치 굴 속 같았다. 방 안 한쪽 구석에는 커다란 안락 의자와 책상이 있고, 책상 위에는 큰 컴퍼스와 증류기 등이 있었다.

안락 의자에는 클로드 부주교가 몸을 구부린 채 앉아 있었다. 그러나 등을 돌리고 있어서 장 물랭은 의자 위로 나온 그의 대머리밖에 볼 수가 없었다. 그것은 그가 성직자라는 것을 드러내려고 일부러 삭발해 놓은 것처럼 보였다.

클로드 부주교는 동생이 온 줄도 모르고 무엇인가 골똘히 생각하고 있더니, 벽에 무엇인가를 썼다. 그리고 책상 위에 펴놓았던 책을 접고는 못과 망치를 들고 혼잣말을 하는 것이었다.

"만약 이 못을 쳐서 푸른 불이 나오면 내가 생각하는 일이 이루어진다. 그렇지 않으면 이 못으로 페뷔스라는 사나이의 무덤을 파야지."

그러나 클로드 부주교는 갑자기 망치를 방바닥에 내팽개치고, 괴로워서 견딜 수 없다는 듯 두 손으로 머리를 감싸쥐었다.

장 물랭은 놀라지 않을 수 없었다. 도저히 형의 그런 모습을 이해할 수가 없었다. 세상을 온통 즐길 대상으로만 생각하는 그로서는 인간이 정열을 가슴에만 담은 채 뿜어 내지 못하는 것이 얼마나 큰 괴로움이라는 것을 알 리가 없었다. 또한 뿜어 내지 못할수록 그 열기가 얼마나 더 뜨겁게 끓어오르고 고동치는가를 알 턱이 없었다.

이제까지 그가 보아 온 형의 겉모습은 엄격하고 냉정하기가 이를 데 없었다. 그래서 장 물랭은 형에게 그런 정열이 있다는 것을 알지 못했다. 그러나 아무리 철부지라 해도, 그는 자신이 보지 못한 것을 형이 보았다는 사실을 알았다. 또한 자신이 그러한 형의 모습을 보았다는 것을 형이 알아서도 안 된다는 것을 알았다.

장 물랭은 형이 무안해할까 봐, 지금 막 들어서는 것처럼 밖으로 나가 발자국 소리를 낸 다음 방으로 들어섰다. 들어서자마자 그는 처음 보는 것처럼 방 안을 휘둘러보았다.

그럼에도 불구하고 클로드 부주교는 동생의 방문에 몹시 당황했다.

"웬일이냐? 여긴 뭣하러 왔어?"

그 사이에 클로드 부주교는 평소와 같은 근엄한 표정으로 돌아와 있었다.

"형님께 부탁이 있어서 왔어요."

장 물랭은 될 수 있는 한 얌전하고 가련한 표정을 지어 보이려고 애를 썼다.

"장, 나는 너를 보면 정말 못마땅해. 듣자하니 넌 항상 몹쓸 짓만 하고 다니더구나. 지난번엔 알베르 드 라몽 자작을 몽둥이로 후려쳤다며?"

"그야 그 작자가 진창 속으로 말을 달리면서 학생들에게 흙탕물을 튀겨서 그랬지요."

"그렇다면 마이에 파르젤이란 사람의 옷은 왜 찢었니?"

"그 좋지도 않은 옷을 가지고 뭘 그러세요? 살다 보면 흔히 일어날 수 있는 일인데, 괜히 호들갑을 떠는 거예요. 그러니 너무 신경 쓰지 마세요."

"사람을 때리고 옷을 찢는 게 아무나 하는 짓이냐? 게다가 너는 공부는 뒷전인 것 같구나!"

"천만의 말씀이에요. 저 벽에 쓰여 있는 그리스 어를 번역해서 제 실력을 보여 드릴까요?"

"뭐 말이냐?"

장 물랭은 처음에 방에 들어왔을 때 클로드 부주교가 벽에 쓴 그리스 어를 가리켰다.

"숙명!"

그 소리에 클로드 부주교의 창백한 얼굴은 더욱 창백해졌다.

"어떻습니까? 이만하면 제 그리스 어 실력도……."

장 물랭이 계속 뭐라고 떠들었지만, 클로드 부주교는 아무 소리도 들리지 않는 듯 멍하니 앉아 있었다.

"그래, 네가 원하는 게 뭐냐?"

한참 만에 클로드 부주교가 물었다.

"돈이지요, 뭐."

장 물랭의 뻔뻔스러움에 클로드 부주교는 못마땅한 표정을 지었다.

"일하지 않는 자는 먹지도 말라고 했다. 앞으로 이 말을 네 좌우명으로 삼도록 해라."

"뭐라고요!"

장 물랭은 두 주먹을 불끈 쥐고 형에게 다가섰다. 그러더니 순간 아주 익살스러운 표정을 지었다. 그 표정에 클로드 부주교는 웃음을 터뜨리고 말았다.

"오, 착한 우리 형님! 이 구두에 구멍 뚫린 것 좀 보세요. 구두창이 혓바닥을 내놓고 밥 달라고 소리치는 걸 좀 보세요."

"그렇다면 새 구두를 사 주마. 하지만 돈은 안 돼."

클로드 부주교는 웃음을 거두고 말했다.

"정 그러시면 이제부턴 뭐든지 내 멋대로 할 거예요! 술집에도 가고, 싸움도 하고, 여자도 사귈 거예요!"

"너, 미쳤니? 죄는 교수대로 통한다는 걸 모르는 거냐?"

"교수대요? 그런 데 올라가 보는 것도 나쁘진 않겠지요."

장은 멋대로 지껄였다.

그 때 누군가 계단을 올라오는 소리가 들렸다.

"조용해 해! 자크 샤르몰뤼 씨다. 얼른 저 화덕 안으로 들어가 숨어."

클로드 부주교가 화덕을 가리키며 말했다.

자크 샤르몰뤼는 성당 재판소의 검사로, 클로드 부주교의 연구 조수 노릇을 하고 있는 사람이었다.

장 물랭은 클로드 부주교가 시키는 대로 했다. 그러나 그는 순간 기발한 생각을 해냈다.

"형님, 잠자코 있을 테니 1플로린만 주세요."

클로드 부주교는 주머니에서 지갑을 꺼내 던져 주었다.

"이것뿐이니 알아서 해라."

문이 열리며 방문객이 들어왔다. 그는 검은 법의를 입은 사람으로, 머리는 하얗게 셌으며 이마에는 쪼글쪼글 주름살이 잡혀 있었다.

두 사람은 연금술이니 마술이니, 장 물랭으로서는 알아들을 수 없는 말을 주고받았다. 그러다가 클로드 부주교는 장 물랭이 무슨 엉뚱한 짓을 할지 몰라 두려운 듯 자크 샤르몰뤼를 끌고 방을 나갔다.

"아이고, 머리가 흔들흔들하는군."

장 물랭은 화덕 밖으로 기어나오자마자 얼른 클로드 부주교의 지갑을 털었다.

"이 돈으로 몽땅 술이나 사 마셔야겠군."

그는 돈을 주머니에 넣고 재로 범벅이 된 옷과 구두를 닦았다. 그러나 바로 나가지 않고 돈이 될 만한 것이 있나 방 안을 둘러보았다. 그는 책장 위에 올려놓은 그릇에서 무엇인가 하나 골라 주머니에 넣더니, 새처럼 가볍게 계단을 뛰어내려갔다.

파르루델의 집

성당 정문 앞에서는 클로드 부주교와 자크 샤르몰뤼 검사가 조각물을 들여다보며 이야기를 나누고 있었다.

장 물랭은 주머니를 만지작거리며 기분 좋게 거리로 나갔다. 그 때 뒤에서 누군가 욕을 하는 소리가 들렸다.

"빌어먹을! 꼴 같잖은 것들 같으니라고."

그를 본 장 물랭이 소리쳤다.

"아, 자넨 페뷔스 아닌가!"

그 소리는 바로 클로드 부주교의 귀에도 들어갔다.

그는 마침 자크 샤르몰뤼 검사에게 연못에 꼬리를 감추고 있는 용에 대해 설명하고 있던 참이었다. 그러나 페뷔스라는 이름을 들은 순간, 그는 설명을 멈추었다.

장 물랭은 공들로리에 저택 앞에 서 있는 페뷔스에게 다가갔다.

"다들 벼락이나 맞아라!"

페뷔스는 여전히 욕을 하고 있었다.

"이봐, 근위 중대장이 점잖지 못하게 무슨 욕을 그렇게 하나?"

"들었나?"

장 물랭과 페뷔스는 반갑게 손을 잡고 흔들었다.

"일단 욕을 시작하면 멈출 수가 있어야지. 지금 저 집에서 나오는 길이거든. 있는 대로 내숭이나 떠는 계집애들이 가득한 저 집 말야."

"그럴 땐 술을 마셔야지."

"술 마실 돈이 없는데."

"돈이라면 내게 있어. 자, 가세."

장 물랭은 페뷔스의 어깨에 팔을 두르며 말했다.

클로드 부주교는 어리둥절해 있는 자크 샤르몰뤼 검사를 내버려 둔채 그들을 지켜보고 있었다.

"어디로 가는 게 좋을까, 페뷔스?"

"폼 데브가 어때?"

"그보다 비에유 시앙스가 낫지."

"포도주는 폼 데브가 좋은데……. 포도나무 밑에서 술을 마시면 얼마나 운치가 있다고."

"그렇다면 그쪽으로 가세!"

두 사람은 곧 술집을 향해 걸음을 옮겼다.

'저자가 바로 그랭구아르가 말한 페뷔스란 말인가?'

클로드 부주교는 사실을 확인하기 위해 불안한 마음으로 그들의 뒤를 밟았다.

그들은 가는 도중 줄곧 싸움 이야기와 여자 이야기, 술 이야기를 했다. 그러다 어느 거리 모퉁이에서 탬버린 소리가 들리자, 페뷔스는 갑자기 걸음을 재촉했다.

"빨리 가세, 장."

"무슨 일이야?"

"지금 저 집시 여자와 부딪히면 안 돼."

"에스메랄다 말인가? 그 여자를 알고 있나?"

"그래, 사실은 말이야……."

페뷔스는 장 물랭의 귀에 대고 무엇인가 소곤거렸다.

"자네, 그게 정말인가?"

장 물랭이 눈을 크게 떴다.

"정말이고말고! 바로 오늘 저녁인데."

"틀림없이 그 여자가 온다고 그랬단 말이지?"

"물론이지."

페뷔스는 턱을 쳐들고 뽐내듯이 말했다.

"페뷔스, 자네는 행운아야."

둘은 신이 난 듯 어깨동무를 하며 웃었다.

클로드 부주교는 그들의 대화를 빠짐없이 들었다. 그는 턱이 덜덜 떨렸다. 다리도 휘청거렸다. 그는 잠시 가로수에 기대어 숨을 고르고 나서야 다시 그들의 뒤를 밟았다.

장 물랭과 페뷔스는 롱델 거리와 바토니에 거리 사이에 있는 술집으로 갔다. 그들은 맨 아래층에 있는 방으로 들어갔다.

노랗게 칠한 나무 기둥 주위에 여러 개의 탁자가 놓인 방이었다. 벽에는 술병들이 걸려 있었으며, 탁자 사이에는 술꾼들과 여자들이 뒤섞여 몹시 소란스러웠다.

날은 어느덧 어두워졌다.

누군가 술집 문 앞의 포도나무에 기대 서서 안쪽을 엿보고 있었다. 바로 클로드 부주교였다. 술집 안에서는 술잔 부딪치는 소리와 음식 먹는 소리, 싸움하는 소리, 욕하는 소리가 들려왔다.

클로드 부주교는 검은 망토를 푹 뒤집어쓰고 있었다. 망토는 조금 전 헌옷 가게에서 산 것으로, 추위 때문이라기보다 신분을 감추는 것이 목적이었다. 그는 유리창을 바라보다가 때때로 발을 굴렀다.

얼마나 지났을까, 술집 문이 열리고 장 물랭과 페뷔스가 밖으로 나왔다. 그들은 잔뜩 취해 몸을 비틀거렸다. 클로드 부주교는 재빨리 맞은편 여관 쪽으로 가서 그들을 지켜보았다.

"아이고, 어느 새 일곱 시가 지났네. 생 미셸 다리에서 그녀와 만나기로 한 시간인데……."

페뷔스가 말했다.

"좋아, 가 보라고! 내게는 수많은 별님이 있으니까, 자네는 자네 길을 가게."

"헛소리 그만하고, 돈 남은 것 좀 있어? 여자를 만나려면 돈이 있어야겠는데. 한 닢도 안 남기고 다 마셔 버린 거야?"

"시간을 잘 보냈다는 것은 좋은 음식을 먹은 것과 같지."

"제기랄!"

페뷔스는 몸을 가누지 못할 정도로 취한 장 물랭을 떼밀며 투덜거렸다.

장 물랭은 그대로 길바닥에 쓰러져 버렸다. 페뷔스는 장 물랭을 발로 굴려, 그 머리가 양배추 뭉치 위에 놓이게 했다. 부자들은 그것을 '쓰레기 더미'라고 하여 피했지만, 가난뱅이들은 가끔 베개로 쓰는 것이다. 장 물랭은 양배추 뭉치를 베자마자 바로 코를 골기 시작했다. 페뷔스는 그런 장 물랭을 버려 둔 채 골목을 빠져 나갔다.

페뷔스가 떠나고 난 뒤, 클로드 부주교는 천천히 장 물랭 앞으로 다가갔다. 하지만 그는 잠깐 서서 한숨을 내쉬고 다시 페뷔스의 뒤를 쫓기 시작했다.

생 탕드레 거리에 이르렀을 때, 페뷔스는 누가 따라온다는 것을 눈치챘다. 얼른 몸을 돌리고 보니, 누군가 벽에 바짝 붙어서서 걸음을 멈추는 것이었다.

"날치긴가? 그래 봤자 내겐 한 푼도 없는걸."

그는 누가 칼을 들고 달려든다 해도 두려워하지 않는 사람이었다. 그러나 망토를 뒤집어쓴 채 조심스럽게 쫓아오는 그 그림자에는 왠지 겁이 났다. 파리 거리에 귀신이 나온다는 이야기가 돌고 있었기 때문이다.

"이봐요, 대체 왜 날 따라오는 거요? 도둑이라면 그냥 가시오. 난 가진 거라곤 없으니까."

페뷔스는 일부러 여유있게 웃으며 큰 소리를 냈다.

그러자 클로드 부주교는 망토 밖으로 손을 내밀어 페뷔스의 팔을 잡으며 음울한 목소리로 물었다.

"페뷔스 드 샤토페르 씨죠?"

"누군데 내 이름을 알고 있는 거요?"

"이름뿐 아니라, 당신이 오늘 저녁에 어떤 사람과 만날 약속을 했다는 것도 알고 있소."

잠시 멈칫했던 페뷔스가 클로드 부주교의 손을 뿌리쳤다.

"남의 뒤나 캐고 다니다니, 참 할 일도 없는 사람이군."

"일곱 시에 생 미셸 다리에서 만나는 거 맞죠?"

"그렇소."

"상대는 누구죠?"

"에스메랄다."

어느 새 안정을 되찾은 페뷔스는 싱글거리며 대답했다.

"페뷔스, 거짓말이지?"

클로드 부주교는 페뷔스의 어깨를 붙잡고 마구 흔들었다.

그 갑작스러운 행동에 페뷔스는 입술을 깨물었다. 모욕을 당했다고 생각한 것이다.

"무례한 놈! 감히 날 모욕하다니, 덤벼라!"

그는 허리의 칼을 뽑으며 소리쳤다.

그러나 클로드 부주교는 끄떡도 하지 않고 침착하게 페뷔스를 노려보았다.

"페뷔스, 결투를 원한다면 내일이나 모레, 아니면 한 달 후에라도 상대해 주겠소. 하지만 오늘 밤은 우선 약속 장소로 가시오."

클로드 부주교는 침통한 어조로 말했다.

"사실 우리는 언제라도 다시 싸울 수 있지. 먼저 당신을 저 시궁창에 처넣은 후 그녀를 만나려 했는데……. 여자들이란 기다리게 할수록 애를 태우니까. 하지만 그만두겠소. 당신은 참으로 호탕한 사람 같구려."

그러면서 페뷔스는 칼을 거두었다.

그 때 클로드 부주교가 그의 손에 금화 한 닢을 쥐어 주었다.

페뷔스는 그 금화를 꼭 움켜쥐었다.

"고맙소."

"그런데 한 가지 조건이 있소. 당신들이 만나는 장소 한구석에 날 숨겨 주시오. 그 여자가 정말 조금 전에 당신이 말한 여자인지 확인해 봐야겠소."

"그것쯤이야 얼마든지……. 우린 생 미셸 다리에서 만나 파르루델의 집으로 갈 거요. 당신은 다락방에 숨어 있구려."

페뷔스는 대수롭지 않다는 듯이 말했다.

"그렇게 합시다."

"마귀인지 사람인지, 도무지 당신 정체를 모르겠군요. 하지만 지금은 싸우지 맙시다. 오늘 진 빚은 내일 몽땅 갚아 줄 테니까."

그리고 페뷔스는 빠른 걸음으로 걷기 시작했다.

클로드 부주교는 잠자코 그 뒤를 따랐다.

"먼저 당신을 파르루델의 집으로 안내한 다음, 그녀를 만나 데리고 가겠소."

생 미셸 다리에 도착했을 때 페뷔스가 말했다.

페뷔스는 어느 허름한 집 앞에 멈춰 섰다. 문을 두드리자, 한 노파가 낡은 램프를 들고 나왔다. 허리가 몹시 구부러진 노파는 연신 머리를 흔들어 댔다.

집 안으로 들어서니, 때묻은 천장과 들보가 나타났다. 벽에서는 흙이 부서져 내렸으며, 구석마다 거미줄이 쳐져 있었다. 한가운데는 절름발이 탁자와 의자들이 흩어져 있었으며, 난롯가에 한 아이가 재를 뒤집어 쓴 채 앉아 있었다.

페뷔스는 노파에게 클로드 부주교가 준 금화를 보였다. 주름투성이 노파의 얼굴에 비굴한 웃음이 흘렀다. 노파는 금화를 받아 얼른 서랍 속에 집어넣었다. 그러나 노파가 잠깐 등을 돌린 사이에 재투성이의 아이가 기어와 금화를 꺼냈다. 그리고 대신 나뭇잎을 집어넣었다.

노파는 페뷔스와 클로드 부주교를 이층으로 안내했다.

이층에 이르자, 노파는 램프를 궤짝 위에 올려놓았다. 페뷔스는 스스럼없이 다락으로 통하는 문을 열고 클로드 부주교에게 말했다.

"이 안에 들어가 계십시오."

클로드 부주교는 페뷔스가 시키는 대로 했다.

곧 문이 닫히고, 페뷔스와 노파는 다시 아래층으로 내려갔다.

다락은 좁고 낮아 서 있을 수가 없을 정도였으며, 창문이라곤 한 군데도 없었다. 클로드 부주교는 그 자리에 웅크리고 앉았다. 머리가 깨질 듯이 아파 왔다. 그렇게 불편한 자세임에도 불구하고 그는 에스메랄다, 페뷔스, 그리고 진흙 속에 내버려 두고 온 동생 장 물랭에 대한 생각으로 머리가 복잡했다.

약 15분 가량 지났을 때, 아래층에서 삐걱거리는 소리가 들려왔다. 누가 계단을 올라오는 모양이었다. 클로드 부주교는 문틈으로 밖을 내다보았다. 곧 방문이 열리고 먼저 노파가 들어왔다. 그 뒤로 페뷔스가 콧수염을 쓰다듬으며 들어오고, 이어 에스메랄다가 나타났다. 그녀를 보는 순간, 클로드 부주교는 심장이 아파 오기 시작했다.

노파가 내려가고 페뷔스와 에스메랄다가 궤짝 위에 앉았다. 궤짝 옆에는 초라한 침대가 놓여 있었다. 에스메랄다는 고개를 숙인 채 앉아 있었다. 그녀의 눈썹이 뺨에 그늘을 드리웠다. 그녀는 어색한 몸짓으로 궤짝 위에 손을 올려놓고 손끝으로 알 수 없는 선을 그었다. 그녀의 발 밑에는 염소가 웅크리고 있었다.

"페뷔스, 저를 경멸하지 마세요."

에스메랄다는 눈을 들지 않고 말했다.

"당신을 경멸하다니, 왜 그런 생각을 하죠?"

페뷔스의 목소리는 더할 수 없이 다정했다.

그 말에 클로드 부주교는 피가 끓어오르는 듯했다. 그로 인해 그는 그들의 소리를 제대로 알아들을 수가 없었다.

"별로 칭찬받을 만한 행동을 못 하고 있으니까요. 당신을 쫓아다니고, 밤중에 여기까지 따라왔잖아요."

"그 일이라면, 난 당신을 경멸할 게 아니라 미워해야 할 거요."

"그건 왜요?"

"비싸게 굴었으니 말이오."

"그건……. 그건 제가 한 맹세 때문이에요. 부적이 효력을 잃으면 전 부모님을 만나지 못하게 되거든요."

에스메랄다의 눈에 금세 눈물이 괴었다.

"도무지 무슨 소린지 모르겠군."

"하지만 전 처음 본 순간부터 당신을 사랑했어요!"

에스메랄다의 입에서 한숨과 함께 흘러나온 말이었다.

그러자 페뷔스는 빙긋 웃으며 그녀의 허리를 감아 안았다.

"나를 사랑한단 말입니까?"

그 순간, 클로드 부주교는 품 속에 손을 넣었다. 손가락 끝에 날카로운 칼끝이 닿았다.

"당신은 정말 친절하고 멋진 분이에요. 저를 구해 주셨잖아요. 떠돌아다니는 집시 여자에 불과한 저를……. 전 오래 전부터 당신처럼 멋진 제복을 입고 늠름한 체격을 가진 남자를 꿈꾸어 왔어요."

에스메랄다가 허리에서 그의 손을 가만히 떼어 내며 말했다.

그러나 페뷔스는 다시 그녀의 목덜미에 키스를 했다. 클로드 부주교는 치를 떨었다.

"페뷔스, 한번 걸어 보세요. 당신이 늠름하게 걷는 모습을 보고 싶어요."

에스메랄다의 부탁에 페뷔스는 매우 만족스런 표정으로 일어나 방 안을 걷기 시작했다.

"당신은 정말 어린애 같군. 그런데 아가씨, 내가 예복 차림을 한 것도 봤소?"

"아쉽게도 못 봤어요."

"난 예복이 가장 잘 어울리는데……."

페뷔스는 애석한 듯 말하며 다시 에스메랄다 곁으로 다가와 앉았다.

"그런데 당신은 어때요, 저를 사랑하시나요? 절 사랑하신다면 그렇다고 말씀해 주세요."

에스메랄다가 페뷔스의 입술을 손가락으로 건드리며 말했다.

"물론 사랑하지! 오, 내 생명! 내 몸도 마음도 사랑도 다 당신 거야!

난 오직 당신만을 사랑해!"

페뷔스는 수없이 많은 여자에게 했던 말을 그녀에게도 했다. 따라서 단 한 마디도 더듬지 않았다.

에스메랄다는 행복에 겨워 눈물을 글썽거렸다. 페뷔스는 그녀를 끌어안고 그 볼에 키스했다.

"오, 스밀라……. 아니, 에스메나……. 아, 미안해요. 당신 이름은 꼭 사라센 말 같아서 발음이 잘 안 되는군요."

"그래요? 전 제 이름이 예쁘다고 생각하는데, 어쩌면 당신은 기억조차 못 하시죠?"

에스메랄다는 너무 섭섭해서 눈물을 흘렸다.

"뭐, 그만한 일로 울지? 이봐, 예쁜 아가씨, 이름이야 금방 익숙해지겠지. 오, 사랑하는 스밀라느, 당신을 사랑해. 우리 어디다 조그만 집 하나 마련할까? 내 부하들을 시켜 집 앞을 지키도록 하고 말이오. 그들은 모두 말을 타고 있지. 그리고 파리 시민의 대행렬에도 데려가 줄게요. 얼마나 멋진 줄 알아요? 수만 명의 병사들이 하얀 옷을 입고 나서면, 정말 볼 만하다오."

페뷔스는 말을 하면서 에스메랄다의 허리띠를 풀었다.

"페뷔스, 뭘하는 거예요?"

"당신이 너무 요란한 옷을 입고 있는 것 같아서 좀 편하게 해 주려고……."

"오, 페뷔스!"

페뷔스는 그녀의 허리를 끌어안았다.

클로드 부주교는 다락에서 숨을 죽인 채 그 모든 것을 지켜보고 있었다.

에스메랄다는 페뷔스가 하는 대로 내버려 두었다. 페뷔스는 그녀의 깃장식을 젖혔다. 그러자 새하얀 어깨가 드러났다.

"당신은 어떤 신을 섬기죠?"

에스메랄다가 물었다.

"그건 왜 묻는 거요?"

"결혼하려면 알아 두어야 하니까요."

"아니, 누가 결혼을 한다는 거요?"

페뷔스가 놀라움과 경멸을 띤 표정으로 말했다.

그 순간, 에스메랄다의 얼굴은 새파랗게 질렸다.

"아름다운 아가씨, 결혼은 미친 짓이야."

페뷔스는 부드러운 목소리로 소곤댔다. 그의 눈은 더욱 불타오르고, 에스메랄다의 허리를 감은 팔은 더욱 죄어졌다.

페뷔스의 품에 안긴 에스메랄다는 검은 옷으로 온몸을 감싼 한 남자의 창백한 얼굴이 눈에 들어오는 바람에 소스라치게 놀랐다. 그 남자는 손에 칼을 쥐고 있었다.

그녀는 그 칼이 페뷔스의 등에 내려꽂히는 것을 보며 소리도 지르지 못했다. 페뷔스는 비명을 지르며 그대로 옆으로 굴러떨어졌다. 그와 동시에 그녀도 정신을 잃고 말았다.

한참 후에 에스메랄다가 정신을 차렸을 때, 그녀는 병사들에게 에워 싸여 있었다. 허름한 이층 방에는 피투성이가 된 페뷔스도, 검은 망토의 신부도 보이지 않았다.

한 병사가 강 쪽으로 트인 창문에 걸쳐져 있는 검은 망토를 들고 말했다.

"이건 중대장님을 찌른 마술사의 것이 분명해."

그 소리를 들으며 에스메랄다는 다시 정신을 잃었다.

마녀 재판

　에스메랄다가 한 달째 소식이 없자, 그랭구아르를 비롯한 기적의 거리 사람들은 슬픔에 잠겼다. 어느 날 저녁, 염소 잘리와 함께 나간 후로 소식이 끊겼던 것이다.

　기적의 거리 사람들 중 특히 그랭구아르는 모든 일을 뒤로 미루고 에스메랄다를 찾아 다녔다.

　그러던 어느 날이었다. 그랭구아르는 파리 재판소 앞에 벌 떼같이 모인 사람들을 보았다.

　"무슨 일입니까?"

　그랭구아르는 안에서 나오는 청년에게 물었다.

　"근위대 장교를 죽인 여자를 재판한답니다. 그런데 글쎄, 그 여자가 마녀라는군요. 그래서 주교와 종교 재판소 판사들이 모두 나와 있어요. 우리 형님도 부주교로서 재판에 참석 중이죠."

　청년은 바로 장 물랭이었다.

　그랭구아르는 자신도 그 부주교를 안다는 말을 차마 할 수가 없었다. 지난번 성당 안에서 만난 이후로 한 번도 찾아가지 않은 것이 미안했기 때문이다.

　장 물랭이 가자, 그랭구아르는 재판소 계단을 올라갔다.

　재판소 안 여기저기에는 이미 촛불이 밝혀져 있었다. 방청석에는 사람들로 가득 차 있었으며, 안쪽 단 위에는 재판관들이 무표정한 얼굴로 쭉 늘어앉아 있었다.

　맨 뒷줄에 자리를 잡은 그랭구아르는 그들이 누구를 재판하는지 알 수가 없었다.

　"피고가 누군지 안 보이네."

"저기 창 밑에 있는 여자예요. 등을 돌리고 서서 얼굴은 보이지 않지만."

그 때 굽은 허리에 주름진 얼굴의 노파가 막 증언을 시작했다.

"나리들, 제 이름은 파르루델입니다. 수십 년 동안 생 미셸 다리 근처에 살면서 집세와 재산세를 확실하게 납부하고 있는 정직한 시민이죠. 나리들, 며칠 전부터 사람들이 제게 저녁에 물레를 돌리지 말라고 하더군요. 악마가 나타나 뿔로 늙은 여자의 실을 빗질한다나요. 그날 밤, 저는 사람들의 말을 잊고 물레를 돌렸어요. 그런데 누가 문을 두드리더군요. 얼른 나가 보니 남자들이었어요. 두 명이었죠. 그들은 제게 에퀴 금화 한 닢을 주더군요. 저는 그 금화를 서랍에 잘 넣어 두었답니다. 다음 날 그 돈으로 푸줏간에 가서 내장을 사려고요.

두 사람을 이층으로 안내하고, 제가 잠깐 등을 돌린 사이에 두 사람 중 검은 옷을 입은 남자가 사라졌더군요. 저는 좀 어리둥절했죠. 젊은 장교는 밖으로 나가더니, 얼마 후에 다시 어여쁜 처녀를 데리고 돌아왔어요. 보통 아가씨들처럼 좋은 옷을 입지는 않았지만, 눈이 부실 정도로 아름다웠으며, 염소를 데리고 있었습니다.

저는 그 처녀와 장교를 다시 이층으로 안내했어요. 그리고 밑으로 내려와 물레를 돌리기 시작했는데, 갑자기 이층에서 비명 소리가 들렸어요. 뭔가 바닥에 떨어지는 소리도 들렸고요. 그러더니 창문 열리는 소리가 들렸어요. 얼른 내다보니 시커먼 덩어리 하나가 물 속으로 뛰어들더군요. 그것은 신부 차림을 한 악마였어요. 달빛이 밝았기 때문에 아주 똑똑히 보았죠. 그 악마는 시테 쪽으로 헤엄쳐 갔어요.

그래서 저는 곧 밤에 순찰을 도는 병사들을 불렀어요. 그들과 함께 이층으로 올라가 보니, 방이 온통 피바다가 되어 있더군요. 장교는 등에 칼을 맞은 채 넘어져 있고, 처녀는 정신을 잃고 있었어요. 염소는 그 옆에서 겁에 질린 채 서 있었지요. 그런데 정말 이상한 일이 있었어요. 다음 날 푸줏간에 가려고 서랍을 열었더니, 글쎄 금화 대신 나뭇잎이 들어 있는 거예요!"

노파는 긴 증언을 끝내고 부르르 몸을 떨었다.

"악마에 염소에 나뭇잎이라……. 아무래도 마법의 냄새가 나는군. 그래, 이건 틀림없이 악마와 마녀가 수작을 부린 거야!"

사람들이 술렁거리기 시작했다.

"그 밖에 더 할말은 없는가?"

재판장이 위엄 있는 목소리로 노파에게 물었다.

"없습니다."

"그런데 그 금화는 젊은 장교와 검은 옷의 사나이 중 누가 주었는가?"

"젊은 장교가 주었지요."

"그 금화가 나뭇잎으로 변했다고 했는데, 그 나뭇잎은 어디 있는가?"

"여기 있습니다."

재판소 관리가 노파로부터 나뭇잎을 받아다가 법관에게 전달했다. 법관은 그것을 재판장에게 주고, 재판장은 다시 성당 재판소의 검사에게 건네주었다.

"이건 자작나무 잎이군."

성당 재판소의 검사인 자크 샤르몰뤼가 말했다.

그러자 특별 검사인 필립이 일어나 재판장 쪽으로 다가갔다.

"노파는 젊은 장교에게서 금화를 받았습니다. 하지만 지금 치료를 받고 있는 그 젊은 장교의 말에 의하면, 거리에서 그 검은 옷의 사나이가 처음에 말을 걸어 왔을 때 악마일지도 모른다는 생각이 들었다고 했습니다. 그 악마는 그에게 피고와 어울리라고 재촉했으며, 돈이 없다는 말에 에퀴 금화까지 주었습니다. 그 젊은 장교 페뷔스는 그 금화로 이 노파에게 방값을 치른 것입니다. 따라서 그 금화는 아무래도 지옥의 화폐인 듯합니다."

필립 검사가 내린 결론에 사람들은 그 동안 품었던 의문이 모두 풀리는 듯했다.

그 때, 고개를 숙이고 있던 피고가 벌떡 일어났다. 그랭구아르는 그 모습을 보고 깜짝 놀랐다. 바로 에스메랄다였던 것이다.

"페뷔스!"

그녀는 퀭한 눈으로 사방을 둘러보며 외쳤다.

반쯤 넋이 나간 모습이었다. 탐스러운 두 볼은 핼쑥해져 있었으며, 아름답게 땋아 내렸던 머리카락은 어수선하게 헝클어져 있었다.

"그분은 어디 있나요? 그분은 아직 살아 있나요?"

그녀가 애원하는 표정으로 안타깝게 물었다.

"닥쳐라! 피고는 그런 질문을 할 권리가 없다."

필립 검사가 쌀쌀맞게 쏘아붙였다.

"제발 말씀해 주세요!"

"그렇다면 말해 주지. 그는 지금 죽어 가고 있다. 어때, 만족스러운가?"

그러자 에스메랄다는 납인형처럼 하얗게 질린 얼굴로 의자에 털썩 주저앉았다.

"두 번째 피고를 끌어 내라!"

재판장의 명령에 사람들의 눈이 일제히 중간 문으로 쏠렸다. 그 문으로 뿔과 발에 금빛 칠을 한 염소 한 마리가 나왔다.

그랭구아르는 반가움에 눈물이 날 지경이었다. 염소는 문 앞에서 잠시 걸음을 멈추고 목을 쑥 빼어 주위를 둘러보았다. 마치 바위 위에 올라서서 발 아래 펼쳐진 드넓은 평원을 보는 것과 같은 모습이었다.

염소는 에스메랄다를 발견하고 반가워 어쩔 줄을 몰라했다. 염소는 앞발을 에스메랄다의 무릎에 얹고 간절한 눈길로 그녀를 올려다보았다. 그러나 그녀는 꼼짝도 하지 않았다.

"그럼 재판장 각하의 허락 아래 염소에 대한 심문을 시작하겠습니다. 만약 이 염소를 이용하여 마술을 부렸다는 증거가 나타나면, 우린 부득이 피고에 대한 교수형이나 화형을 요구하지 않을 수 없습니다."

자크 샤르몰뤼 검사가 한껏 점잔을 빼는 태도로 말했다.

마술을 부린다는 것은 하느님을 모독하는 행위이므로, 그것이 사실로 증명되면 에스메랄다는 죽음을 면하기 힘들었다. 그랭구아르는 등에서 식은땀이 났다.

자크 샤르몰뤼 검사는 책상 위에 있는 탬버린을 염소에게 내밀며 물었다.

"지금 몇 시지?"

그러자 염소는 금빛 발을 들어 탬버린을 일곱 번 쳤다. 시계는 과연 일곱 시를 가리키고 있었다. 사람들이 다시 술렁거리기 시작했다.

자크 샤르몰뤼 검사는 다시 염소 목에 있는 주머니를 풀어 놓았다. 주머니에서는 나무로 조각한 알파벳이 나왔다. 염소는 그 나무 조각으로 '페뷔스'란 단어를 정확하게 맞춰 놓았다. 그로써 페뷔스가 악마의 표적이 되어 있었다는 것이 증명된 셈이었다.

"피고는 마술에 빠진 집시다. 그대는 지난 3월 29일 밤 염소에게 마술을 걸고 악마들을 불러모아 근위 헌병대 중대장인 페뷔스 드 샤토페르를 칼로 찔렀다. 어떤가, 이래도 죄를 부인하겠는가!"

재판장이 엄한 목소리로 말했다.

그러나 에스메랄다는 그 때까지도 쓰러진 채 꼼짝 못하고 있었다. 재판소 관리가 다가가 그녀를 일으켰다.

"페뷔스!"

그녀는 다시 양손으로 얼굴을 가리고 부르짖었다.

"그대는 공소 사실을 시인하는가?"

"저는 아녜요. 그를 찌른 건 어떤 신부예요. 제 뒤를 따라다니는 악마 같은 신부란 말예요."

"바로 그대와 공모한 악마 말인가?"

자크 샤르몰뤼 검사가 소리쳤다.

"저를 불쌍하게 여겨 주세요. 저는 마녀가 아니라 그저 집시일 뿐이에요."

"재판장님, 피고가 저렇게 고집을 부리니 고문으로 자백을 받아 내는 것을 허락해 주시기 바랍니다."

자크 샤르몰뤼 검사가 재판장을 향해 말했다.

"허락합니다."

재판장의 말에 에스메랄다는 몸을 떨었다.

곧 경관들이 달려와 그녀를 끌고 갔다. 그 뒤를 자크 샤르몰뤼 검사와 종교 재판소의 성직자들이 따랐다. 그들은 중간 문을 향해 걸어갔다.

에스메랄다는 대낮에도 불을 켜 놓아야 하는 복도를 지나, 계단을 몇 번 오르내린 뒤 노트르담 성당의 탑 맨 밑에 있는 지하실로 끌려갔다.

창도 없는 그 지하실 한쪽 벽에는 가마가 설치되어 있었다. 그 가마에서 숯불이 이글이글 타오르며 방 안을 붉게 물들였다. 방 한가운데는 천장의 고리쇠에 비끄러매진 가죽 매트가 바닥에 거의 닿을 듯 말 듯 드리워져 있었으며, 가마 안에는 집게며 노루발 등이 시뻘겋게 달구어져 있었다.

방 한쪽에 놓인 침대 위에는 고문관인 피아레가 태연스레 앉아 있었다. 그리고 그 옆에는 네모진 얼굴에 가죽 앞치마를 두른 난쟁이 둘이 숯불을 뒤적이고 있었다.

에스메랄다는 방 안을 둘러보고 겁에 질려 얼굴빛이 파래졌다. 벽 한쪽에는 경찰들이 늘어서고, 다른 한쪽에는 종교 재판소의 성직자들이 늘어섰다.

자크 샤르몰뤼 검사가 상냥한 얼굴로 그녀에게 다가왔다.

"귀여운 아가씨, 아직도 고집을 부릴 건가?"

"제가 한 짓이 아니에요."

그녀는 기어들어가는 목소리로 겨우 대꾸했다.

"할 수 없군. 좀 엄한 방법으로 심문할 수밖에……."

자크 샤르몰뤼 검사는 잇새로 내뱉듯 말하곤 돌아섰다.

순간, 에스메랄다는 수많은 사람들의 몸을 죄고 비틀었을 가죽 매트를 보았다. 그녀는 등골이 오싹했다.

자크 샤르몰뤼 검사의 신호에 따라 두 난쟁이가 그녀를 가죽 매트에 앉히고 끈으로 허리를 묶어 움직이지 못하게 했다.

"다시 한 번 묻겠는데, 기소 사실을 시인하는가?"

자크 샤르몰뤼 검사가 물었다.

에스메랄다는 힘없이 고개를 저었다. 목소리가 나오지 않았기 때문이다.

"어쩔 수 없군."

"검사 나리, 무엇부터 시작할까요?"

피에라가 물었다.

자크 샤르몰뤼 검사는 잠시 생각하다가 말했다.

"신발 고문부터 하시오!"

검사의 말이 떨어지자, 피에라가 그녀에게 다가갔다. 그와 동시에 난쟁이들은 무기고 속을 뒤지기 시작했다. 쇠붙이들이 서로 부딪치며 무시무시한 소리를 냈다. 그녀는 벌벌 떨었다.

"오, 나의 페뷔스!"

그녀는 사랑하는 사람의 이름을 불렀다. 그러고는 결심이라도 한 듯 눈을 감았다.

난쟁이들은 그녀의 다리와 발을 가리고 있는 헝겊과 가죽 조각을 벗겨 냈다. 그러자 뽀얀 속살이 드러났다. 자크 샤르몰뤼 검사는 그녀의 예쁜 발을 보고 혀를 찼다.

이윽고 난쟁이들이 '쇠구두'를 가져왔다. 그것은 쇠를 붙인 널빤지로 만든 틀이었다. 그들은 그녀의 발을 그 틀에 끼웠다. 쇠구두는 너무 무거워 발목과 다리가 빠져 나가는 것 같았다.

"살려 주세요!"

그녀는 꿇어앉아 애원하려고 했다. 그러나 발이 쇠구두에 끼여 있었으므로 그만 앞으로 넘어지고 말았다.

자크 샤르몰뤼 검사의 지시로 그녀는 다시 가죽 매트에 앉혀졌다.

"자, 마지막 기회다. 기소 사실을 시인하는가?"

"저는 아무것도 모릅니다."

에스메랄다는 여전히 고개를 저었다.

"계속해라!"

샤르몰뤼 검사가 피에라에게 소리쳤다.

피에라는 난쟁이들에게 쇠구두에 가죽 끈을 걸게 했다. 그 가죽 끈은 손잡이가 달린 바퀴를 돌리면 엄청난 힘을 내는 활차로 이어져 있었다. 난쟁이들이 손잡이를 돌리자, 쇠구두가 죄어들기 시작했다.

"아아악!"

에스메랄다는 고통을 이기지 못해 비명을 질렀다.

그러나 피에라는 난쟁이들에게 계속 손잡이를 돌리게 했다.

"아아악!"

에스메랄다는 몸을 비틀며 소리쳤다. 순식간에 온몸이 땀에 젖어들었다.

"그만 멈추어라!"

자크 샤르몰뤼 검사가 손을 들었다. 그리고 음흉한 미소를 지으며 다시 에스메랄다에게 물었다.

"이제 네 잘못을 시인하는가?"

"네, 네, 제가 잘못했어요! 다 자백할게요!"

에스메랄다가 다급하게 외쳤다.

"잘 생각했다. 인정상 말해 주는 건데, 잘못을 시인한 이상 너는 사형을 면치 못할 것이다."

"저도 죽는 것이 낫다고 생각해요."

기진맥진하여 가죽 매트 위에 쓰러진 에스메랄다에게 심문이 이어졌다.

"그대는 악마의 회의에 나가 마술을 배운 적이 있는가?"

"네……."

"지난 3월 29일 밤 악마의 도움을 받아 페뷔스 중대장을 죽였는가?"

자크 샤르몰뤼 검사의 마지막 질문에 에스메랄다는 잠깐 얼굴을 들어 그를 바라보았다. 그러나 이내 체념한 듯 고개를 떨구었다.

"네……."

그렇게 그녀는 모든 것을 시인하고 말았다.

"잘했다. 조금 더 고집을 부렸으면 그 예쁜 발이 부서져 버렸을 것이다."

자크 샤르몰뤼 검사가 흡족한 표정으로 말했다.

에스메랄다가 절름거리며 법정으로 돌아가자, 사람들은 안도의 한숨을 쉬었다. 염소가 '매애매애!' 울며 그녀에게 다가가려 했다. 그러나 의자에 묶여 있었으므로 가까이 갈 수가 없었다.

창 밖은 이제 완전히 어둠에 싸여 있었다.

"피고는 마술을 부려 페뷔스 드 샤토페르 중대장을 암살하려 했다는 공소 사실을 시인하는가?"

재판장이 에스메랄다에게 물었다.

"시인합니다. 얼른 죽여 주세요."

그녀는 흐느끼며 대답했다.

에스메랄다의 눈에서 흘러내린 눈물마저 마를 때쯤 재판장의 판결이 내려졌다.

"피고는 들으라! 국왕 폐하가 정하시는 날 정오, 피고는 맨발에 목에는 밧줄을 걸고 노트르담 성당 문 밖으로 끌려나가야 한다. 그 곳에서 10킬로그램의 초에 불을 켠 채 공개 사죄를 한 후에, 그레브 광장으로 끌려가 교수대에 매달릴 것이다. 피고의 염소도 같은 운명이다. 이상이 근위 헌병대 중대장 페뷔스 드 샤토페르를 살해한 죄, 또 하느님을 모독하고 마술을 사용한 죄에 대한 판결이다."

그 판결을 들으며 에스메랄다는 모든 것이 꿈이었으면 좋겠다고 생각했다. 그 때 거친 손이 그녀를 잡아끌었다.

신부의 고백

에스메랄다는 햇빛도 들지 않고 바람기도 없는 곳, 어둡고 습기찬 지하 감옥에 갇혀 있었다. 그 곳에 갇힌 죄수는 희망을 가질 수도 없고, 생명을 보장받을 수도 없었다. 지하 감옥에서 나가는 것은 교수대나 화형장에 끌려갈 때뿐이었다.

그녀는 그 곳에서 죽은 듯이 앉아 있었다. 춥고 어두웠지만 꼼짝도 하지 않았다. 아무것도 보이지 않았다. 벽에서는 끊임없이 물이 떨어져 웅덩이를 이루고 있었다. 그녀는 다만 그 소리를 듣고 있을 뿐이었다.

그녀는 페뷔스, 햇살, 공기, 그레브 광장, 박수 갈채, 춤 등 모든 것이 한순간에 지나간 꿈이라 생각했다. 노파, 단도, 신부, 피, 고문, 교수대 또한 꿈이라 생각했다. 그녀는 그대로 웅크리고 앉은 채 며칠 동안 손가락 하나 까딱하지 않았다.

간수들은 그녀에게 하루에 두세 번씩 천장의 뚜껑 문을 열고 검은 빵덩어리를 던져 주었다. 그러나 그 때도 햇빛은 한 줄기도 들어오지 않았다. 날이 갈수록 그녀는 차츰 정신이 흐려져 갔다.

그러던 어느 날이었다. 머리 위에서 간수가 빵을 갖다 줄 때보다 훨씬 큰 소리가 들려왔다. 에스메랄다는 고개를 들었다. 천장 틈으로 불그스름한 한 줄기 빛이 들어왔다. 동시에 육중한 문이 삐걱거리며 열렸다. 그녀는 얼른 눈을 감았다. 오랜만에 보는 빛이 너무 강해 눈이 무엇에 찔린 듯 아팠기 때문이다.

얼마 후 조심스럽게 눈을 떠 보니, 계단 위에 등잔이 놓여 있고 그 옆에 한 사나이가 서 있었다. 그 사나이는 발 밑까지 닿는 검은 옷을 입고 같은 빛깔의 두건을 쓰고 있었다.

그녀는 그 사나이를 가만히 바라보았다. 마치 조각 같은 느낌이 드는 사람이었다.

"당신은 누구세요?"

"나는 신부요. 준비는 다 됐소?"

"무슨 준비 말씀인가요?"

"죽을 준비 말이오."

"곧 죽게 되나요?"

"내일 형을 집행하기로 되어 있소."

"오늘이 아니고요?"

"이렇게 떠는 걸 보니 무서운 모양이군."

"추워서 그런 거예요."

"그렇겠군. 햇빛도 없고 불기도 없는 지하에서 지냈으니……."

"여기서 얼른 나가고 싶어요. 춥고 무서워요."

에스메랄다는 어린애처럼 울기 시작했다.

"자, 나를 따라오시오."

신부라는 사람은 에스메랄다의 팔을 잡았다.

그러나 그녀는 얼른 손을 잡아빼고 말았다. 자신을 이끈 그 손이 뼛속까지 얼어 있던 자신의 몸보다 더 차갑게 느껴졌기 때문이다.

"다, 당신은 도대체 누구세요?"

그녀는 놀라서 뒤로 물러섰다.

신부는 두건을 뒤로 젖혔다. 그러자 놀랍도록 끔찍한 얼굴이 나타났다. 생 미셸 다리 위의 노파 집에서, 사랑하는 페뷔스의 등뒤에 나타났던 바로 그 악마였다.

"아니, 당신은……."

에스메랄다는 두 손으로 얼굴을 가리고 온몸을 부르르 떨었다. 그는 바로 클로드 부주교였다. 비로소 노파, 단도, 신부, 피, 고문, 법정, 사형 선고, 교수대의 모든 것이 현실임을 느낄 수 있었다.

"나의 페뷔스를 찌른 악마! 오, 나도 죽여 줘요! 그를 죽인 것처럼 나도 찌르란 말예요!"

클로드 부주교는 작은 새를 발견한 매와 같은 눈으로 그녀를 내려다보았다.

"내가 두렵소?"

"네, 두려워요."

"왜 나를 두려워하죠?"

"당신이 오랫동안 나를 괴롭혀 왔기 때문이에요. 당신이 아니었으면 나는 훨씬 행복했을 텐데……. 내가 당신에게 무슨 나쁜 짓을 했나요? 당신은 누군데 나를 이렇게 미워하시나요? 대체 내게 무슨 원한이 있나요?"

에스메랄다는 울면서 클로드 부주교에게 퍼부어 댔다.

"난 당신을 미워하지 않소. 오히려 사랑하오!"

클로드 부주교가 외쳤다.

에스메랄다는 울음을 멈추고 멍하니 그를 바라보았다.

클로드 부주교는 그녀 앞에 무릎을 꿇었다.

"나는 정말 당신을 사랑하오!"

"세상에, 무슨 사랑이 이럴까!"

에스메랄다는 몸을 바르르 떨었다.

"악의 구렁텅이에 빠진 자의 사랑이지. 내 말을 들어 봐요. 당신은 이제 곧 모든 것을 알게 될 거요. 지금부터 나는 스스로에게조차 부끄러워서 하지 못한 말을 당신에게 하겠소. 당신은 너무 아름답소. 그런 당신의 아름다움이 여러 사람을 불행하게 만든 거요. 나도 당신을 만나기 전까지는 행복했었소."

클로드 부주교는 일그러진 표정으로 말을 이었다.

"사실이오. 난 무척 행복했었소. 적어도 그렇게 믿고 있었지. 나는 학문에 몰두하고, 밤이나 낮이나 오직 하느님에 대한 봉사로 평화와 기쁨을 느끼며 살았소. 신부들은 내게 순결에 관해 물었고, 박사들은 학문에 관해 물었다오. 나는 언제나 그런 내가 자랑스러웠소. 그런

데……."

클로드 부주교는 잠깐 말을 멈추고 깊은 한숨을 내쉬었다. 그 한숨에
는 처절한 고통이 실려 있었다.

"어느 날, 나는 춤추고 있는 당신을 보았소. 그 날, 나는 내 방 창가
에 앉아 깊은 사색에 빠져 있었소. 창문은 광장 쪽으로 틔어 있었는
데, 그 때 노래와 탬버린 소리가 들려왔소. 난 내 사색을 방해하는 그
소리에 화를 내며 밖을 보았소. 아, 그 눈부신 모습! 나는 무엇에 홀
린 듯 당신을 보았소. 그 때 당신이 노래를 부르기 시작했소. 아, 그
노래는 춤보다 훨씬 유혹적이었소. 난 달아나려고 했소. 하지만 발이
움직여지지 않았소.

그 후부터 나는 방황하기 시작했소. 책을 읽어도 끊임없이 당신의 아
름다운 모습이 어른거렸고, 하느님 앞에 엎드려 기도드릴 때에도 당

신의 노랫소리가 내 마음을 이끌었소. 모든 것이 다 덧없어 보였소. 오직 당신만이 세상의 전부인 것처럼 느껴졌소. 그래서 난 당신을 찾아 쏘다니기 시작했소. 여기저기서 당신을 기다리고, 종탑 위에서 당신을 엿보곤 했소. 그러다 나는 당신이 나를 파멸시키기 위해 지옥에서 왔다는 것을 깨달았소.

나는 이 불행한 마술의 굴레에서 빠져 나오기 위해 처음에는 당신을 노트르담 앞 뜰에 나타나지 못하도록 해 봤소. 당신을 보지 않으면 잊어버리게 되리란 생각에서 말이오. 그런데 당신은 지시를 어기고 계속해서 찾아왔소. 그래서 어느 날 당신을 납치하려고 했는데, 저 고약한 장교가 나타나서 일을 그르치게 된 거요. 결국 난 당신을 종교재판소에 고발하고 말았소. 당신은 내 대신 죄를 뒤집어썼고, 내 대신 교수형을 선고받았지. 감옥에서 얼마나 고통스러웠소? 하지만 내 마음은 훨씬 더 아팠다오. 난 당신의 재판에도 참가했고, 고문실까지 따라갔었다오. 난 당신이 소리지를 때 가슴에 품고 있던 단도로 내 가슴을 찔렀소. 그리고 당신의 비명 소리가 높아질 때마다 그 단도를 더 깊이 찔러 넣었소. 이것 보시오. 아직도 피가 흐르고 있을 거요."

그러면서 클로드 부주교는 옷자락을 들추어 보였다. 과연 그의 가슴은 살이 찢긴 채 뭉개져 있었으며, 옆구리에는 미처 아물지 않은 큰 상처가 있었다.

에스메랄다는 두려운 얼굴로 뒷걸음질쳤다.

"아, 제발 날 가엾게 여겨 주오! 이 지옥에서 나를 꺼내 주오! 내 이마 위에 흘러내리는 땀방울을 닦아 주오!"

클로드 부주교는 바닥을 뒹굴며 돌층계의 모서리에 머리를 찧기 시작했다.

에스메랄다는 말없이 그를 바라보다가, 갑자기 두 손을 모아 쥐고 나직하게 중얼거렸다.

"오, 나의 페뷔스!"

그러자 클로드 부주교는 그녀 앞으로 기어갔다.

"제발! 당신이 그 이름을 부를 때마다 난 견딜 수가 없소. 마치 심장을 갈가리 찢어 놓는 것 같단 말이오. 부디 자비로운 마음으로 날 살려 주시오."

에스메랄다는 갑자기 폭소를 터뜨렸다.

"당신도 자비로운 마음을 구걸하시나요?"

그 말에 클로드 부주교는 얼어붙은 듯 한동안 그대로 있었다.

"날 모욕해도 좋고 비웃어도 좋아. 아무튼 여길 빨리 빠져 나갑시다. 내일이 처형일이오."

그는 에스메랄다의 팔을 잡아 끌었다.

그러나 그녀는 팔을 빼내었다.

"페뷔스는 어떻게 됐나요?"

"아, 당신은 끝까지 매정하군!"

"어서 말해 줘요."

"그는 죽었소."

"죽었다고요? 그런데 나보고 살기 위해 도망치라는 건가요? 나는 그분 없는 이 세상에 살고 싶지 않아요."

그녀는 충격을 받은 듯 중얼거렸다.

클로드 부주교는 고통에 찬 표정으로 그녀를 보았다. 그러다 말없이 등잔을 들고 천천히 계단을 오르기 시작했다.

"나는 당신을 영원히 저주할 거예요!"

에스메랄다가 그의 등뒤에 대고 소리쳤다. 그러고는 바닥에 푹 엎어졌다.

하늘이 맑게 갠 5월의 아침이었다. 귀될 수녀가 있는 투르 롤랑의 옛 집에 말굽 소리와 수레바퀴 구르는 소리가 들려왔다. 하지만 세상을 버린 그녀의 귀에는 광장의 소음도 들리지 않는 모양이었다. 그녀는 15년 동안 간직한 분홍신을 가만히 지켜볼 따름이었다. 그 조그만 신은 그녀의 모든 것이었다.

그 날따라 그녀는 유난히 가슴이 미어졌다. 그녀는 무릎을 꿇었다.

"아, 가엾은 내 딸! 귀여운 아가! 하느님! 그렇게 빨리 데려가시려면 차라리 주시지나 말지 그러셨어요? 하느님, 아기의 신은 여기 있는데, 그 발은 어디 갔을까요? 제발 그 애를 돌려주세요! 15년 동안이나 기도드렸으니, 이제 한 시간만이라도, 아니 단 1분만이라도 돌려주세요!"

그녀는 흐느끼며 그 분홍신을 가슴에 끌어안고 뒹굴었다.

그 때 아이들이 즐거운 듯 재잘거리며 골방 앞을 지나갔다. 귀될 수녀는 얼른 창가로 달려갔다. 아이들의 소리가 들릴 때마다 15년 동안 하던 버릇이었다.

"오늘 집시 여자를 목매단대!"

한 아이가 말했다.

"마술로 왕의 기사를 죽였대."

귀될 수녀는 쇠창살에 붙어 서서 그레브 광장을 내다보았다. 광장 교수대에는 이미 사다리가 놓여 있고, 10여 명의 구경꾼이 모여 있었다.

쇠창살 바로 옆에 한 신부가 서 있었다. 그는 기도서를 읽는 척하고 있었지만, 실상은 교수대에 온 정신이 팔려 있는 클로드 부주교였다.

"신부님, 오늘 교수대에 오르는 게 누구예요?"

"나도 모르오."

귀뒬 수녀의 물음에 클로드 부주교는 무뚝뚝하게 대꾸했다.

"아이들 말로는 집시 계집애라고 하던데요."

"아마 그럴 거요."

클로드 부주교는 대답을 하는 둥 마는 둥 하다가 갑자기 귀뒬 수녀에게 물었다.

"당신은 집시가 그렇게 밉소?"

"밉고말고요. 그들은 마술사에다가 도둑들이에요. 제 어린 딸을 잡아 먹었어요. 하나밖에 없는 제 딸을……."

그녀는 무시무시한 표정을 지으며 말을 이었다.

"특히 제가 저주하는 건 젊은 계집이에요. 만일 그년의 어미가 제 딸을 잡아먹지 않았더라면 제 딸도 저년만큼 자랐을 거예요. 독사 같은 년! 전 그 계집애가 이 곳을 지날 때면 피가 끓어올라요."

"그런 집시 여자를 다시 안 보아도 되니 기쁘겠소."

클로드 부주교는 차갑게 말하고, 고개를 숙인 채 천천히 교수대 쪽으로 갔다.

그 말에 귀뒬 수녀는 좋아서 펄쩍펄쩍 뛰었다. 흐트러진 그녀의 머리카락 사이로 불타는 듯한 눈동자가 보였다.

페뷔스는 죽지 않았다. 그는 클로드 부주교의 칼에 찔려 거의 죽을 뻔했으나 겨우 살아났다. 그러니까 그가 죽어 가고 있다고 한 필립 검사의 말은 전적으로 잘못된 것이라고 할 수 있었다. 또한 그가 죽었다는 클로드 부주교의 말은 다만 그의 희망일 뿐이었다.

사실 병사들이 페뷔스를 떠메고 갔을 때, 의사는 그가 위독하다고 했다. 그러나 인간의 생명력이란 참으로 신비로워서, 그는 죽음 직전에서 소생하는 기적을 보였다.

페뷔스는 병원에 누워서 조사관들의 심문을 받았다. 그것은 아주 귀찮은 일이었다. 그래서 그는 어느 날 치료비 대신 자신의 황금 박차를 남겨 놓고 병원을 빠져 나왔다.

그러나 그가 없다고 해서 사건의 심리에 지장이 있거나 하진 않았다. 당시의 재판은 죄인과 증거만으로도 충분히 이루어질 수 있었기 때문이다.

페뷔스는 자신의 부대로 돌아갔다. 그 곳은 파리에서 조금 떨어진 곳으로, 무척 삭막한 곳이었다.

대부분의 군인들처럼 그는 확고한 믿음이 없었다. 대신 미신에 대한 막연한 두려움은 갖고 있었다. 염소라든가 집시라든가 하는 존재는 아무래도 께름칙했다. 사랑한다던 에스메랄다의 속삭임도 마녀의 주술같이 느껴졌다. 따라서 그는 그녀에게 내린 판결에 대해 아주 만족해했다. 마녀의 손아귀에서 벗어난 듯한 느낌이 들었다.

페뷔스는 공들로리에 저택 앞에 섰다. 에스메랄다와의 사건도 벌써 두 달이 지났으므로 모든 것이 잊혀졌으리라 생각했다.

노트르담 성당 앞에 많은 사람들이 모여 있었지만 상관하지 않았다. 5월이니 무슨 축제가 벌어졌으려니 생각하는 정도였다.

페뷔스는 약혼녀의 방으로 올라갔다. 리스는 공들로리에 부인과 단둘이 있었다.

그가 들어서자, 창가에서 수를 놓고 있던 리스는 얼굴을 살짝 붉히며 환하게 웃었다. 에스메랄다와의 일과 두 달 동안 연락이 없음으로 해서 질투심과 원망으로 가슴을 태웠는데, 그를 보는 순간 그 동안에 쌓였던 감정이 모두 사라져 버렸다.

페뷔스는 리스에게 다가갔다. 그녀는 사랑이 가득한 눈으로 그를 바라보았다.

"두 달 동안이나 연락도 없이 어디서 뭘 하셨어요?"

그녀는 원망스러운 마음을 숨기지 않으면서도 부드럽게 물었다.

"소집되어서 수비대를 지휘하고 왔소."

"수비대가 어디 있는데요?"

"쾨 앙브리."

"그리 멀지도 않은데, 어떻게 한 번도 안 오셨어요?"

리스는 끈질기게 캐물었다.

페뷔스는 더듬거리지 않을 수 없었다.

"그, 그건……. 직무상 자리를 비울 수가 없었고……. 또……. 사실은 병이 났었소."

"어머나, 큰 병이었나요?"

리스는 깜짝 놀라 눈을 크게 떴다.

"아니, 좀 다쳤어요."

"다쳤다고요?"

"그렇게 놀랄 건 없어요. 아무것도 아니니까. 싸움하다 다친 거예요."

"누구와 어떻게 싸웠는데요?"

"음, 그게……. 마에 페디라는 사관과 사소한 일로 결투를 했다오. 둘 다 칼끝으로 약간 찔렸을 뿐, 대단치는 않았어요."

페뷔스는 마치 명예를 위해 결투를 한 것처럼 거짓말을 했다. 그는 순진한 리스의 마음을 사로잡는 방법을 알고 있었던 것이다.

리스는 두려움과 찬미가 섞인 표정으로 그를 쳐다보았다. 결투라는 말에 그의 남성다움이 더욱 두드러져 보인 것이다.

"그래, 상처는 다 나았나요? 그런데 싸움은 어떤 일로 시작됐어요?"

"별일 아니오. 서로 말하다 보니 감정이 상한 거지, 뭐. 그런데 대체 노트르담 앞뜰은 왜 저렇게 소란한 거요?"

페뷔스는 더 이상 이야기를 꾸며 댈 능력이 없었으므로 얼렁뚱땅 말을 돌렸다.

"저도 잘 모르겠어요. 아마 누가 교수형을 당하기 전에 공개 사죄를 하는 모양이에요."

리스가 말하며 발코니로 나갔다.

페뷔스도 그녀의 뒤를 따랐다.

노트르담 성당 앞은 구경꾼들로 가득 차 있었다. 총을 든 병사와 경찰이 양쪽으로 늘어선 가운데 성당 문은 굳게 닫혀 있었다.

그 때 정오를 알리는 성당의 종이 천천히 울리기 시작했다. 그 소리가 멎기 전에, 종이 열두 번 치기 전에, 생 피에로 거리 쪽에서 죄수 호송 수레가 나타났다.

"저기 마녀가 온다!"

구경꾼들이 소리쳤다.

수레는 보랏빛 제복을 입은 기병대에 둘러싸인 채 말에 끌려왔다. 그 수레에는 속옷만 입은 죄수가 앉아 있었다. 길고 검은 머리가 아무렇게나 흘러내려 절반쯤 드러난 그녀의 가슴을 가리고 있었다. 그 머리카락 사이로 회색 밧줄이 보였으며, 그 밧줄 아래에는 유리 세공품이 박혀 있는 푸른 비단 주머니가 있었다.

"어머나, 저건 염소를 데리고 다니던 그 집시 여자예요!"

리스가 놀라 소리쳤다.

"집시 여자라니, 누구 말입니까?"

페뷔스는 얼굴이 파랗게 질려 리스가 가리키는 쪽을 바라보았다.

"생각 안 나세요?"

"난 무슨 말을 하고 있는지 모르겠소."

그는 시치미를 떼며 돌아섰다.

그러자 리스는 금방 새침해져서 그를 쏘아보았다.

"저 여자를 보니 또 마음이 흔들리는 모양이죠?"

"천만에, 당치도 않은 소리!"

"그렇다면 피하지 말고 끝까지 보세요."

그는 리스의 말을 따를 수밖에 없었다.

수레 위의 죄수는 틀림없이 에스메랄다였다. 그런데 페뷔스가 안타까운 것은 그런 상황에서도 그녀는 여전히 아름답다는 것이었다. 모진 고난에 시달려 여윈 얼굴이 오히려 더 그윽한 분위기를 자아내고 있었다. 뿐만 아니라, 눈물이 그렁그렁한 눈이 성스럽고 순결해 보이기조차 했다.

수레가 지나는 동안 사람들은 죄수의 처절하도록 아름다운 모습에 눈시울을 적셨다. 그녀는 아무리 냉정한 사람이라도 감동할 정도로 아름다웠던 것이다.

노트르담 성당 입구 중앙에서 수레가 멎자, 호위병들이 양쪽에 전투 대형으로 늘어섰다. 그토록 소리를 질러 대던 구경꾼들은 찬물을 끼얹은 듯 조용해졌다.

성당의 현관문이 소리를 내며 양쪽으로 열렸다. 그러자 촛불로 밝혀진 성당 내부가 고스란히 드러나 보였다. 마치 벌건 대낮에 시커먼 아가리를 벌리고 있는 동물 같았다.

성당 안쪽 어둠 속에서 거대한 금십자가가 빛을 내고 있었다. 그 아래 의자에 법의를 갖춰 입은 신부들이 앉아 성가를 부르고 있었다. 문을 열자마자 그들의 노랫소리가 광장에까지 울려 퍼졌다.

에스메랄다는 두려운 표정으로 성당 안을 바라보았다. 그녀는 마치 기도라도 올리는 듯 입술을 달싹거렸다. 그러나 그녀의 입에서 흘러나온 말은 기도문이 아니라 '페뷔스'라는 이름이었다.

사형 집행인은 그녀의 손을 풀어 주었다. 염소의 결박도 풀어 주었다. 그녀는 염소와 함께 맨발로 계단을 올라갔다. 목에는 밧줄이 드리워진 채였다.

노래가 끝나자 금십자가와 촛불들이 천천히 움직이기 시작했다. 신부들이 부제들과 함께 성가를 읊조리며 나왔다. 그들은 촛불을 들고 긴 행렬을 지으며 죄수에게로 다가왔다.

에스메랄다는 행렬의 맨 앞자리에 선 사람을 보고 몸을 부르르 떨었다. 클로드 부주교였다. 그는 자신의 직책을 상징하는 은빛 제복으로 몸을 휘감고 나타났다.

그녀는 얼어붙은 듯 꼼짝도 하지 않았다. 다만 조각처럼 얼굴이 창백해진 채 멍하니 그를 바라보았다. 누군가 다가와서 불을 붙인 양초 자루를 쥐어 주는 것도 몰랐다. 또 서기가 읽기 시작한 공개 사죄문 내용도 귀에 들어오지 않았다.

그녀는 그가 다른 신부들을 밀치고 곁으로 다가오는 것을 보고 비로소 정신을 차렸다. 그와 함께 피가 거꾸로 솟구치는 듯한 분노를 느꼈다.

"너는 하느님 앞에 엎드려 죄를 고하고 용서를 구하라!"

클로드 부주교가 에스메랄다에게 큰 소리로 말했다.

그리고 그는 얼른 몸을 기울여 그녀의 귀에 입을 대고 속삭였다.

"내 사랑을 받아들이겠다면, 난 아직도 널 구할 수 있어."

사람들은 클로드 부주교가 그녀의 참회를 들으려 하는 줄 알았다.

"이 악마야, 사실대로 말하기 전에 저리 가!"

"그런다고 네 말을 곧이들을 사람은 없을 거야. 빨리 대답해. 나를 받아들이겠느냐?"

"난 당신이 싫어. 그런 말은 그만두고, 페뷔스 님이 어떻게 되었는지나 말해 줘요.”

“그는 죽었어!”

클로드 부주교는 무심코 반대쪽으로 머리를 돌렸다. 순간, 공들로리에 저택 이층 발코니에 서 있는 페뷔스의 모습이 눈에 들어왔다. 그는 몸서리를 치면서 손으로 눈을 가렸다.

“좋다! 끝내 나를 거부한다면 너는 죽을 수밖에 없다.”

클로드 부주교는 에스메랄다가 다른 사람을 사랑하는 것을 보느니 차라리 죽게 내버려 두는 편이 낫다고 생각했다.

“흔들리는 영혼이여, 네 갈 길을 가라! 하느님의 자비가 함께하기를!”

클로드 부주교는 에스메랄다 쪽으로 손을 올리고 엄숙하게 말했다. 그것은 기도 의식이 끝났음을 뜻하는 말이었다.

군중들은 땅바닥에 무릎을 꿇었다.

“주여, 불쌍히 여기소서!”

클로드 부주교는 사형수에게 등을 돌리고 고개를 숙인 채 행렬로 되돌아갔다. 곧 십자가와 촛불들의 행렬이 움직이기 시작했다.

신부들은 합창을 하며 성당 안으로 사라져 갔다.

이윽고 자크 샤르몰뤼 검사가 돌아서서 신호를 하자, 사형 집행인의 조수인 난쟁이들이 나타났다. 그들은 그녀를 다시 묶기 위해 다가갔다.

에스메랄다는 긴 한숨을 쉬며 하늘을 보았다. 그리고 고개를 돌려 군중들을 보고, 거리를 둘러보았다. 그러다가 갑자기 그녀는 눈을 크게 떴다.

“페뷔스!”

에스메랄다는 기쁨에 넘쳐 소리를 질렀다.

공들로리에 저택의 이층 발코니에 서 있는 페뷔스를 발견했던 것이다. 페뷔스는 여전히 늠름하고 건강했다. 검사의 말도, 클로드 부주교의 말도 모두 거짓이었던 것이다.

"페뷔스!"

그녀는 손을 뻗으려 했다. 그러나 이미 그녀의 손은 단단하게 묶인 상태였다.

페뷔스도 그녀를 보았다. 그러나 그는 그녀의 기대만큼 반가운 표정이 아니었다. 그는 이맛살을 찌푸린 채 그녀를 보고 있었다. 그 옆에는 눈부시게 차려 입은 리스가 그의 어깨에 머리를 기대고 있었다.

페뷔스는 리스에게 뭐라고 귓속말을 하더니, 황급히 발코니를 떠났다. 리스도 그 뒤를 따랐다.

"페뷔스! 당신마저 나를 죄인으로 생각하는 건가요? 내가 당신을 찔렀다고 생각하나요?"

그녀는 미친 듯이 소리쳤다.

페뷔스를 죽였다는 누명을 쓰고 사형을 당하게 되었으면서도 그녀가 견딜 수 있었던 것은, 그와 함께 죽음의 나라로 간다는 생각 때문이었다.

그런데 페뷔스는 멀쩡하게 살아 있었다. 게다가 그녀는 그를 약한 자를 돕는 훌륭한 기사로 알고 있었는데, 자기가 억울하다는 사실을 알고 있으면서도 매정하게 돌아섰다는 데 대해 절망하지 않을 수 없었다.

에스메랄다는 배반의 고통에 몸부림치다가 그만 정신을 잃고 쓰러졌다.

"죄인을 수레에 태워라!"

자크 샤르몰뤼 검사가 말했다.

신성한 피난소

성당 정문 바로 위의 복도에는 역대 왕들의 조각상이 있었다. 그 조각상 사이에 구경꾼 하나가 있었다. 그 구경꾼은 목을 길게 늘어뜨린 채 아래쪽에서 일어나는 일들을 지켜보고 있었다. 그는 복도의 원기둥에 굵은 밧줄을 비끄러맨 채 느긋하게 기다렸다. 티티새가 앞을 지날 때는 휘파람까지 불었다.

그러다가 난쟁이들이 검사의 명령대로 에스메랄다를 수레에 실으려는 순간, 그는 갑자기 복도 난간을 넘어섰다. 그리고 발과 무릎과 손을 이용하여 밧줄을 붙잡고 창유리를 미끄러져 내려와 난쟁이들에게 다가갔다. 그는 한 주먹에 난쟁이들을 때려눕히고 에스메랄다를 가볍게 어깨에 둘러멨다.

그는 성당 안으로 쏜살같이 뛰어들어가며 소리쳤다.

"여긴 신성한 피난소다!"

박수와 함성 소리에 정신을 차린 에스메랄다는, 자신을 구해 준 사람의 정체를 알고는 너무도 놀라 그야말로 졸도할 지경이었다. 그는 다름 아닌 콰지모도였던 것이다.

손쓸 사이 없이 순식간에 일어난 일에 관리들도 병사들도 잠시 동안 멍하니 서 있었다. 미처 손을 쓸 수도 없었다.

콰지모도가 들어선 곳은 노트르담 성당 울타리 안의 피난소였다. 그 안에 들어가면, 어떤 죄인이라도 법의 집행을 피할 수 있는 곳이었다.

콰지모도는 정문 아래에서 멈춰 섰다. 그리고 당당하게 버티고 서서 광장 쪽을 보았다. 머리카락은 아무렇게나 흩어진 상태였으며, 목은 어깨 사이에 파묻혀 있었다.

그는 매우 조심스럽게 에스메랄다를 다루었다. 행여 부서질까 혹은 깨질까 두려워하는 모습이었다. 가만히 귀를 기울여 그녀의 숨소리를 듣기도 했다.

문 밖에 있는 사람들은 그가 하는 짓을 지켜보고 있었다. 험상궂기가 마치 괴물 같은 콰지모도가 에스메랄다를 다루는 태도는 참으로 볼 만한 구경거리였다.

사람들이 보거나말거나 콰지모도는 에스메랄다를 꼭 껴안았다. 그러다가 사랑과 연민이 가득한 눈길로 내려다보기도 했다. 그 광경을 보며 여자들은 환호성을 올리고, 남자들은 발을 굴렀다.

사람들이 열광하는 가운데 콰지모도는 에스메랄다를 떠메고 성당 안으로 들어갔다. 사람들은 아쉬움에 한숨을 쉬었다. 그러나 그는 곧 탑 꼭대기에 다시 나타나, 자랑스러운 몸짓으로 군중들을 내려다보며 우렁찬 목소리로 되풀이했다.

"여긴 신성한 피난소다!"

에스메랄다가 죽는 것을 지켜볼 수 없었던 클로드 부주교는 비밀문을 통해 거리로 나왔다. 그리고 곧장 배를 타고 센 강 왼쪽에 있는 둑으로 갔다. 그 때까지도 사람들은 마녀를 구경하기 위해 그레브 광장 쪽으로 몰려가고 있었다.

배에서 내린 후에도 계속 걸었으나, 클로드 부주교는 어디로 가야 할지 몰랐다. 오로지 그레브 광장에서 멀어지기 위해 발 가는 대로 걸을 뿐이었다.

그는 생 빅토르 문을 벗어나서야 비로소 뒤를 돌아보았다. 마침 커다란 암벽이 파리 시내를 가리고 있었다. 그는 한숨을 내쉬며 자신을 파멸시켰고, 자기가 파멸시킨 에스메랄다에 대해 생각해 보았다.

'결코 함께할 수 없는 가엾은 두 영혼……. 너무 다른 운명…….'

클로드 부주교는 에스메랄다가 사라지면 마음의 평화를 얻을 수 있을 것으로 생각했다. 하지만 그는 그녀의 죽음으로 인해 더 괴로운 삶을 살아야 한다는 사실을 깨달았다.

사랑하는 사람을 붙잡기 위해 한 일은 사랑하는 사람을 잃게 만들었고, 사랑하는 사람을 지키기 위해 한 일은 오히려 미움과 원망이 되어 돌아왔다.

페뷔스는 죽지 않았다. 예전보다 더 화려한 군복을 입고 더 활달한 모습으로 돌아와, 새로운 애인과 함께 옛 애인이 교수형당하는 것을 유쾌하게 보고 있다. 클로드 부주교는 허탈했다.

얼마 후, 클로드 부주교는 프레오 클레르 목장을 따라 걷기 시작했다. 성당으로 돌아가야겠다는 생각이 들었던 것이다.

강가에서 사공에게 파리 주화를 주고 배에 올랐다. 사공은 천천히 센 강을 거슬러 올라갔다. 해는 네슬 탑 뒤로 지고 있었다. 하늘은 희고 강물도 희었다. 그 사이에서 강둑이 검은 빛으로 다가왔다.

배에서 내린 그는 다시 무작정 걸었다. 그러다 문득 정신을 차리고 보니, 생 미셸 다리를 건너고 있었다.

다리 건너에 있는 집에서 불빛이 새어 나오고 있었다. 그는 불빛을 따라 발을 옮겼다. 금간 유리창 사이로 한 젊은이가 요란스럽게 몸치장을 한 여자와 웃고 있는 모습이 보였다. 그 옆에서 노파가 물레를 돌리며 노래를 부르고 있었다.

그 노파는 바로 에스메랄다의 재판 때 증언을 했던 파루르델이었다. 그리고 그 젊은이는 클로드 부주교의 동생 장 물랭이었다.

"아니, 벌써 밤이 되었잖아. 사람들이 불을 켜고 하느님이 별을 켜는 밤!"

장 물랭은 창가로 와서 중얼거리더니, 곧장 밖으로 나왔다. 술병의 술이 바닥난 모양이었다.

클로드 부주교는 얼른 땅에 엎드렸다. 다행히 거리는 어두웠고, 장 물랭은 취해 있었다. 그는 클로드 부주교가 술에 취해 쓰러진 주정뱅이인 줄 알고 소리쳤다.

"안녕, 주정뱅이! 재미깨나 본 모양이구려."

그러면서 그는 클로드 부주교를 발로 흔들어 보았다. 클로드 부주교는 숨을 죽인 채 꼼짝도 하지 않았다.

"몹시 취한 모양이군. 에이, 우리 같은 사람이야 아무러면 어떻겠소! 우리 형님처럼 점잖은데다가 돈까지 많으면 더 좋겠지만……."

장 물랭이 비틀거리며 사라지자, 클로드 부주교는 얼른 일어나 곧바로 노트르담 성당을 향해 걸었다.

어둠 속에 높이 솟은 탑을 올려다보며 걷다 보니, 클로드 부주교는 어느덧 성당 문 앞에 도착했다. 성당은 아무 일도 없었다는 듯 여전히 당당하게 서 있었다.

그는 안으로 들어갔다. 안에는 아침 의식에 사용되었던 장막들이 고스란히 남아 있었다. 그는 눈을 감았다.

공포에 휩싸인 채 종탑 계단을 올라가자, 괘종 시계가 자정을 알리기 시작했다. 그러니까 벌써 열두 시간이 흐른 것이다.

"아아, 지금쯤 그녀의 몸은 차디차게 식었을 테지!"

그는 길게 한숨을 내쉬며 중얼거렸다.

그 바람에 등불이 꺼지고 말았다. 그와 동시에 종탑 반대쪽 모퉁이에 그림자가 나타났다. 그리고 종소리에 섞여 염소 울음소리도 들려왔다.

그는 용기를 내어 똑바로 앞을 쳐다보았다. 그림자는 바로 에스메랄다였다.

"에, 에스메랄다!"

창백한 그녀의 얼굴은 슬픔에 젖어 있었다. 머리는 여전히 어깨 위에 드리워져 있었으나, 목에 걸렸던 밧줄은 보이지 않았다. 손도 묶여 있지 않았다. 그녀는 흰 베일을 머리에 쓴 채 천천히 다가오고 있었다. 염소가 그 뒤를 따르고 있었다.

그녀가 다가오는 대로 그는 한 걸음씩 뒤로 물러났다. 그러다 마침내 계단 끝까지 밀려갔다.

피가 얼어붙는 듯한 공포의 순간, 그녀는 그의 앞을 스르르 지나쳐 갔다.

에스메랄다는 노트르담 성당 안에 있는 수도원 건너편 탑 꼭대기에 있는 방에 누워 있었다. 그녀는 콰지모도가 어깨에 메고 오는 동안 내내 기절해 있었다. 이따금씩 콰지모도가 지르는 괴성에 눈을 가늘게 떴으나, 그 무서운 얼굴이 자신을 내려다보고 있다는 것을 깨닫는 순간 다시 정신을 잃었다.

에스메랄다는 콰지모도가 몸을 묶은 밧줄을 풀어 줄 때 비로소 정신이 들었다. 그녀는 자신이 노트르담 성당 안에 있다는 것을 알아차렸다. 콰지모도의 도움으로 죽음에서 벗어났다는 것도 알았다.

문득 광장이 내려다보이는 저택에서 다른 여자와 함께 자신을 내려다보던 페뷔스의 모습이 떠올랐다.

"왜 날 살려 냈나요?"

에스메랄다가 원망 섞인 투로 물었으나, 콰지모도는 걱정스러운 눈으로 그녀를 내려다볼 뿐이었다.

"왜 날 살려 냈냐고요?"

그녀는 다시 물었다.

그러자 그는 슬픈 듯 고개를 저으며 밖으로 나가 버렸다.

한참 만에 콰지모도는 무엇인가 종이에 싼 것을 에스메랄다에게 던져 주었다. 인정 많은 부인들이 성당 정문 앞에 놓고 간 옷이었다. 그제야 그녀는 자신이 거의 벌거숭이에 가깝다는 사실을 깨달았다. 그녀는 얼굴을 붉히며 얼른 옷을 입었다. 흰 베일이 달린 하얀 드레스였다. 시립 병원의 수련 수녀들이 입는 옷이었다.

담시 후, 콰지모도는 다시 커다란 바구니와 이불을 들고 나타났다. 바구니에는 포도주와 빵 등이 들어 있었다. 그는 바구니를 바닥에 내려놓았다.

"먹어요."

그는 조심스럽게 말했다.

에스메랄다는 감사의 표시를 하고 싶었으나, 그 얼굴을 보자 그만 말문이 막혀 버렸다.

그 마음을 짐작한 듯 콰지모도가 고개를 돌렸다.

"내가 무섭지요? 나는 흉측하게 생겼어요. 그러니까 내 얼굴을 보지 말고 듣기만 해요. 낮엔 여기 있어야 해요. 절대로 한 발이라도 밖으로 나가서는 안 돼요. 잡히면 죽어요. 하지만 밤에는 성당 안을 돌아다녀도 좋아요."

무뚝뚝하고 높낮이가 없어서 마치 기계음 같았으나, 그 말 속에는 따뜻한 배려가 깃들여 있었다.

그녀는 다시 고맙다는 말을 하려고 고개를 들었다. 그러나 이미 그는 사라지고 없었다.

그녀는 방 안을 둘러보았다. 그 방에는 작은 창과 지붕 쪽으로 열리는 문이 있었다. 그녀는 창가로 갔다. 자신의 신세가 너무 처량하게 느껴졌다. 그 때 그녀의 손을 간지럽히는 것이 있었다. 바로 염소 잘리였다. 잘리는 그녀의 무릎 위로 슬그머니 올라왔다. 그녀는 염소의 목을 껴안고 뺨을 비벼댔다.

"오오, 잘리! 내가 널 잊고 있었구나."

그녀의 눈에서는 뜨거운 눈물이 넘쳐 흘렀다.

다음 날 아침, 에스메랄다는 작은 창을 통해 들어온 눈부신 햇살에 눈을 떴다. 지하 감옥에 있는 동안에는 거의 잠을 못 이루었는데, 정말 오랜만에 단잠을 잤다.

그녀는 기지개를 켜다가 채광창 쪽에서 흉측한 물체를 발견하고 소스라치게 놀랐다. 콰지모도였다. 그녀는 얼른 눈을 감고 고개를 돌렸다.

"난 당신의 친구니까, 그렇게 무서워하지 말아요. 그냥 당신이 잘 자나 보고 있었어요. 눈을 감고 있을 땐 곁에 있어도 괜찮잖아요. 이젠 가겠어요. 자, 벽 뒤로 숨었으니 눈을 떠도 좋아요."

그는 아주 애처롭게 말했다.

에스메랄다는 그의 말에 감동하여 눈을 떴다. 채광창 쪽에는 아무도 없었다. 창가로 가서 내다보니, 그는 벽 모퉁이에 괴로운 듯 웅크리고 있었다.

"이리 와요."

에스메랄다가 조용히 말했다.

콰지모도는 가라는 말인 줄 알고 천천히 일어나 절름거리며 돌아섰다.

"이리 와요!"

그녀는 크게 소리쳤다.

그러나 콰지모도는 계속 걸어갔다. 그녀는 얼른 뛰어가 그의 팔을 잡았다. 그녀의 손이 몸에 닿는 순간, 콰지모도는 몸을 부르르 떨었다.

"들어와요."

에스메랄다가 방 안으로 이끌었으나, 콰지모도는 문턱에 선 채 들어오려 하지 않았다.

"부엉이가 종달새의 둥지에 들어가면 안 되는 거예요."

할 수 없이 에스메랄다는 혼자 방으로 들어가 염소 옆에 앉았다.

두 사람은 한동안 마주 보았다. 그녀는 콰지모도를 찬찬히 뜯어보았다. X자로 휘어진 다리며 곱사등이며 애꾸눈 등 참으로 흉측하기 그지없는 생김새였다.

그러나 그 흉측한 모습 뒤에는 슬픔과 부드러움이 흐르고 있었다. 그녀는 차츰 콰지모도의 모습이 무섭지 않게 느껴졌다.

"조금 전에 내게 오라고 한 거예요?"

콰지모도가 침묵을 깨고 물었다.

그녀는 고개를 끄덕였다.

"사실 나는 귀가 안 들려요."

"가엾어라!"

그녀는 연민에 찬 표정으로 부르짖었다.

"하지만 난 당신의 입술과 눈만 보면 무슨 말을 하는지 다 알 수 있어요."

"한 가지 궁금한 게 있어요. 왜 날 구한 거죠?"

"왜 당신을 구해 주었느냐고 물었나요?"

"그래요."

"언젠가 내가 당신을 납치하려고 했던 일 기억하나요? 아니, 기억할 리가 없어요. 그렇다면 죄인 공시대에 묶여 있던 내게 친절을 베풀지 않았을 테니까. 한 모금의 물과 측은해하던 눈길……. 그건 내 목숨을 다해도 갚을 수 없을 거예요."

어느 새 콰지모도의 눈가에는 물기가 번졌다.

에스메랄다는 가슴이 뭉클할 정도로 감동했다.

"언제라도 내가 필요할 땐 이걸 부세요. 이 소리는 나도 들을 수 있거든요."

콰지모도는 주머니에서 호루라기를 꺼내 바닥에 놓고 도망치듯 달아났다.

호루라기

시간이 흐름에 따라 에스메랄다는 차츰 마음의 안정을 되찾고, 예전의 아름다움을 회복했다. 성격도 전처럼 밝아졌고, 입술을 삐죽거리는 버릇도 되살아났다.

하지만 그녀는 아직도 페뷔스를 잊지 못하고 있었다. 아니, 잊기는커녕 언젠가 홀연히 나타나 자신을 안전한 곳으로 데려가리라 믿고 있었다.

한편, 클로드 부주교는 사람들로부터 에스메랄다가 구출되었다는 소식을 들었다. 그 소식을 들은 순간, 갑자기 멍해지며 아무 생각도 떠오르지 않았다. 그는 에스메랄다의 죽음에 만족하고 있었다. 고통스러웠지만 모처럼 평온함을 느꼈고, 절망했지만 더 이상 혼란스럽지는 않았기 때문이다. 그런데 페뷔스와 함께 그녀가 살아 있다니, 그의 가슴은 다시 무엇인가로 휘저어 놓은 듯했다.

그는 처음 그 소식을 듣고는 비밀실로 들어가 문을 잠가 버렸다. 그리고 며칠이 지나도록 미사에도, 성직자 회의에도 모습을 나타내지 않았다. 누가 찾아와도 만나 주지 않았다. 주교가 찾아와도 마찬가지였다. 사람들은 그가 병이 난 줄 알았다.

그는 자기 방 유리창에 얼굴을 대고 에스메랄다와 염소가 있는 피난소를 바라보았다. 또 그들을 돌보는 콰지모도의 모습도 보았다.

클로드 부주교는 얼마 전 춤추는 에스메랄다를 넋을 잃고 바라보던 콰지모도를 떠올리며 고개를 끄덕였다.

"그랬었구나."

클로드 부주교는 에스메랄다를 생각하는 콰지모도의 마음을 짐작할 수 있었다. 그리고 참으로 부끄러운 일이지만, 그녀와 함께 있다는 데 대해 질투심을 느끼기도 했다.

그러나 그보다 더 괴로운 일은 에스메랄다를 바로 앞에 두고 가까이 가지 못하는 것이었다.

에스메랄다에 대한 그리움 때문에 뜬눈으로 지새우던 어느 날 밤, 클로드 부주교는 종탑의 열쇠를 찾아 밖으로 나왔다.

그 때 에스메랄다는 페뷔스를 생각하며 달콤한 잠에 빠져 있었다. 그러다 잠결에 무슨 소리를 듣고 눈을 떴다. 창문을 통해 불빛이 비쳐들고 있었다.

그녀는 이맛살을 찌푸린 채 주위를 돌아보았다. 분명히 창 밖에 누군가 있었다. 그 순간, 등불이 꺼졌다. 그러나 그녀는 불빛에 흔들리는 유령 같은 얼굴을 똑똑히 보았다. 바로 클로드 부주교였다.

에스메랄다는 너무 놀라 그대로 쓰러지고 말았다. 잠시 후, 그녀는 자신의 몸에 무엇인가 닿는 느낌에 벌떡 일어나 앉았다. 어느 사이에 클로드 부주교가 곁에 와 있었다. 그는 두 팔로 그녀를 안고 있었다.

"이 악마! 살인자! 얼른 나가!"

그녀는 떨리는 목소리로 겨우 외쳤다.

"용서해 줘! 제발 용서해 줘!"

클로드 부주교는 그녀의 어깨에 입술을 문지르며 말했다.

그녀는 달아나려 했으나, 그는 무서운 힘으로 그녀의 두 팔을 잡고 애원했다.

"모두가 너를 사랑하기 때문에 저지른 일이야. 내 사랑을 알아 줘."

그녀는 온 힘을 다해 그를 밀쳤다. 그 때 그녀의 손에 무엇인가 잡히는 것이 있었다. 바로 콰지모도가 준 호루라기였다. 그녀는 얼른 그것을 주워 있는 힘을 다해 불었다.

높은 호루라기 소리가 조용한 밤공기를 깨뜨렸다.

"뭐, 뭐야?"

클로드 부주교가 놀라 몸을 일으키며 소리쳤다.

그러나 이미 억센 손이 클로드 부주교의 뒷덜미를 잡아 올리고 있었다. 클로드 부주교는 그가 콰지모도라는 것을 알았다.

"콰지모도!"

그는 콰지모도의 팔에 매달리며 외쳤다.

절박한 순간인 만큼 콰지모도가 귀머거리라는 사실을 잊었던 것이다.

눈 깜짝할 사이에 클로드 부주교는 바닥에 쓰러지고 묵직한 무릎이 그의 가슴을 찍어눌렀다. 콰지모도는 눈을 번뜩이며 클로드 부주교의 가슴에 칼을 들이댔다. 참으로 위태로운 순간이었다.

"안 돼, 아가씨가 있는 곳에서 피를 흘려선 안 되지."

콰지모도는 갑자기 중얼거리며 동작을 멈추었다. 그리고 클로드 부주교의 발을 잡고 밖으로 끌고 나갔다. 마침 달이 떠오르고 있었다. 달빛이 희미하게 클로드 부주교의 얼굴을 비추었다.

그 얼굴을 본 순간, 콰지모도는 질겁을 하며 뒤로 물러섰다. 그 광경을 지켜보던 에스메랄다는 놀라지 않을 수 없었다. 금방 상황이 바뀌어 클로드 부주교가 윽박지르고 콰지모도가 쩔쩔맸던 것이다.

클로드 부주교는 콰지모도에게 물러가라는 신호를 보냈다.

그러나 그는 물러가는 대신 에스메랄다가 있는 방 앞 바닥에 엎드려 칼을 내밀었다.

"먼저 저를 죽여 주세요! 그런 다음 마음대로 하세요."

화가 난 클로드 부주교는 콰지모도에게 욕을 하며 칼을 잡으려 했다. 하지만 에스메랄다가 더 빨랐다. 그녀는 콰지모도의 손에서 얼른 칼을 빼앗아 들었다.

"지옥에 떨어져야 마땅할 인간, 가까이 오기만 하면 이 칼이 가만히 있지 않을 거야! 난 나의 페뷔스가 살아 있다는 걸 알고 있어!"

에스메랄다는 칼끝을 클로드 부주교에게 향한 채 독기어린 표정으로 소리쳤다.

에스메랄다의 말은 벌겋게 단 쇠젓가락으로 클로드 부주교의 가슴을 후벼 파는 것 같았다.

클로드 부주교는 콰지모도의 등을 발로 걷어찬 뒤 계단을 뛰어내려갔다.

그랭구아르는 낮에는 먹고 살기 위해 곡예를 하고, 밤에는 논문을 쓰며 살았다. 논문은 주교의 물차에 옷이 다 젖었던 일과 관계된 것이었다. 그는 그 때의 분노를 잊지 않고 있었던 것이다.

어느 날, 그는 생 제르맹 거리의 어느 저택을 바라보고 있었다. 그 저택에 있는 조각물을 감상하고 있었던 것이다.

"그랭구아르, 요즘은 어떻게 지내나?"

그는 누군가 자기 이름을 부르는 소리에 뒤를 돌아보았다. 옛 스승인 클로드 부주교가 서 있었다.

"신부님!"

그 동안 클로드 부주교는 많이 변해 있었다. 얼굴은 백지장같이 창백하고, 눈은 한 자나 들어가 있었다. 게다가 얼마 남지 않은 머리카락은 백발이 되어 있었다.

"그래, 그 동안 어떻게 지냈나?"

클로드 부주교의 목소리는 얼음처럼 차가웠다.

"글쎄요. 이렇다고 할 수도 있고 저렇다고 할 수도 있겠죠. 하지만 전체적으로는 좋다고 할 수 있죠. 욕심을 내지 않으니 실망할 일도 없네요."

그랭구아르가 대답했다.

"그럼 아무 걱정도 없단 말인가?"

"그런 편이죠."

"지금은 뭘 하고 있나?"

"보시는 바와 같이 이 조각들을 감상하고 있습니다."

"그게 재미있나?"

"물론입니다. 훌륭한 예술 작품을 보는 것은 재미있고 유쾌한 일이지요."

그랭구아르는 흐뭇한 표정을 지었다.

"그래, 자네는 행복한가?"

클로드 부주교가 다시 물었다.

"네, 원하는 것도 후회되는 것도 없으니 행복하다고 할 수 있지요."

그랭구아르는 자신있게 대답했다.

그 때 근위 헌병대가 말굽 소리도 요란하게 지나갔다. 클로드 부주교는 그들 중 맨 앞에 있는 한 장교를 유심히 바라보았다.

"누굽니까? 선생님이 아는 사람입니까?"

그랭구아르가 물었다.

"페뷔스라는 사람일세."

"페뷔스라니, 묘한 이름이군요. 에스메랄다도 걸핏하면 주문을 외우듯 '페뷔스, 페뷔스' 하고 중얼거렸는데……."

그러자 클로드 부주교는 야릇한 미소를 지으며 그랭구아르 앞으로 다가섰다.

"자네, 나를 좀 따라오게. 할 얘기가 있네."

클로드 부주교는 명령하듯 말하고 앞장서서 갔다. 그랭구아르는 잠자코 그 뒤를 따라갔다.

이윽고 클로드 부주교는 조용한 베르나르댕 거리에서 걸음을 멈추었다.

"그랭구아르, 그 춤추는 집시 처녀는 어떻게 됐나?"

"에스메랄다 말입니까? 선생님은 언제나 제게 그녀의 소식을 묻는군요."

"자네 마누라였잖나?"

"그렇죠. 항아리를 깨뜨리고 얻은 제 마누라죠. 그것도 벌써 4년 전 일이군요."

"자넨 그녀가 생각나지 않나?"

"글쎄요. 할 일이 많아서 그런지 별로 생각 안 나는데요."

"그 여자는 자네 목숨을 구해 주지 않았나?"

"그야 그렇습니다만……."

"그런데도 그렇게 매정한 소리를 하나?"

클로드 부주교는 별안간 소리를 질렀다.

그랭구아르는 찔끔했다.

"아마 그 여자는 교수형을 당했을 겁니다. 교수형 선고를 받은 순간부터 전 그녀를 잊기로 했습니다."

"그럼 그 후 소식은 전혀 모르나? 그렇다면 내가 알려 주지. 그 여자는 지금 노트르담 성당 안에 숨어 있네. 하지만 사흘 뒤에는 시 의회의 결정에 따라 체포될 걸세. 이번에는 교수형을 피할 수 없을 거야."

클로드 부주교는 야릇한 눈빛을 애써 감춘 채 무심한 듯 말했다.

"그거 정말 유감이군요. 겨우 몸을 피한 여자를 굳이 끌어 낼 건 뭡니까?"

"자넨 그녀를 위해 도움이 되고 싶지 않나?"

"도움이 될 만한 일이 있다면 해야죠."

"무슨 방법이 없을까?"

"그녀가 머지않아 아기 엄마가 될 거라고 하면 어떨까요?"

"그게 사실인가?"

클로드 부주교가 격한 목소리로 물었다.

"물론 사실이 아니지요. 내 아내라고 했지만 말뿐이었으니까요. 하지만 그러면 형이 미뤄지지 않겠어요?"

클로드 부주교는 잠시 생각을 하다가 고개를 저었다.

"안 돼. 그렇게 억지로 꾸민 말은 믿지도 않을 뿐더러 금방 탄로가 날 거야. 그 여잔 자네 생명의 은인일세. 자네가 성당 안으로 들어가서 그 여자와 옷을 바꿔 입는 건 어떤가?"

"그 다음에는요?"

"그 다음엔 그 여자가 자네 옷을 입고 성당을 빠져 나오고 자네는 그녀 대신 남는 걸세. 잘못되면 자네가 그녀 대신 교수대에 오르겠지만, 그 여자는 구출되는 거야. 그녀는 자네 목숨을 구해 준 사람일세. 남자로서 이제 그 빚을 갚아야 하지 않겠나?"

클로드 부주교의 말에 그랭구아르는 난처한 듯 머리를 긁적였다.

"제가 갚지 않은 빚은 그것말고도 많이 있습니다."

"자넨 그렇게도 목숨이 아까운가?"

"그야 물론이죠. 이 달콤한 공기도, 저 맑은 하늘도 목숨이 붙어 있어야 즐길 수 있는 거 아닙니까?"

"누구 덕에 공기를 마시고 누구 덕에 하늘을 보는 건지 생각해 보게.
이번엔 자네가 희생을 할 차례야."

클로드 부주교는 끈질겼다.

그랭구아르는 마음이 흔들렸다. 가만히 생각해 보니, 자기가 수녀복
을 입고 있다가 발각이 된다 해도 사형을 당할 것 같지는 않았다.

"정 그렇게 말씀하신다면 한번 생각해 보죠. 사람은 언젠가는 죽게
되어 있는 것, 일이 잘못되어 죽는다 해도 아름다운 그녀를 대신해
죽는다는 것은 시인다운 최후인 것 같군요."

"잘 생각했네. 그럼 내일……."

클로드 부주교는 그랭구아르가 자신의 의견을 받아들인 것으로 알고
성당을 향해 걸음을 옮겼다.

그러나 그랭구아르는 곧 말을 바꾸었다.

"선생님, 제가 죽지 않고 그녀를 구할 수 있다면 더 좋지 않겠어요?"

그랭구아르의 말에 클로드 부주교는 천천히 돌아섰다.

"어떻게?"

"거지들은 아주 용감합니다. 또 그들은 그녀를 사랑하고 있죠. 그들
로 하여금 노트르담을 습격하게 하고, 그 혼란을 틈타 그 여자를 데
리고 도망치는 겁니다."

그리고 그랭구아르는 클로드 부주교의 귀에 대고 무엇인가 속삭였다.

"좋아. 그럼 내일 보세."

클로드 부주교는 그랭구아르의 손을 잡고 차갑게 말했다. 그의 제안
이 그럴 듯하다고 생각했던 것이다.

클로드 부주교는 성당으로 돌아왔다. 그의 비밀실 문 앞에서 장 물랭
이 기다리고 있었다. 또 돈이 떨어진 것이 분명했다.

"무슨 일이냐?"

"형님 보러 왔어요."

"왜?"

클로드 부주교는 쳐다보지도 않고 물었다.

"형님, 저는 이제부터 정말 착실하게 살 겁니다. 모범생이 되겠다는 겁니다. 형님은 제가 장래 토르시 학교의 학사가 되고 조교가 되길 원하셨죠? 저도 그것이야말로 제가 할 일이라는 걸 깨달았습니다. 그런데 지금 제 형편으로 말씀드릴 것 같으면, 책은 물론이고 펜과 잉크를 살 돈도 없습니다."

"그래서 나더러 어쩌란 말이냐?"

클로드 부주교는 시큰둥하게 물었다.

"면목 없지만, 돈을 좀 주실 수 없나요?"

"없다!"

"형님, 그렇다면 형님이 좀 섭섭해하실 얘기를 하겠습니다. 사실 제게 아주 훌륭한 제의를 하는 사람이 있습니다. 저보고 거지가 되라는 겁니다."

"그것도 좋지!"

클로드 부주교는 한 마디로 잘라 말했다.

장 물랭은 어쩔 수 없이 돌아서서 휘파람을 불며 계단을 내려갔다. 그가 성당을 나와 거리로 발을 내디디려 할 때였다. 갑자기 머리 위에서 창문 열리는 소리가 났다.

"장, 이게 마지막이다!"

클로드 부주교는 창 밖으로 얼굴을 내민 채 작은 주머니 하나를 던졌다. 주머니는 장 물랭의 이마를 맞추고 땅에 떨어졌다. 장 물랭은 얼른 그것을 집어 들고, 마치 고깃덩어리를 얻은 개처럼 좋아하며 사라졌다.

폭 동

"자, 모두 서둘러라! 한 시간 뒤에는 출발이다!"

술통에 앉아 있던 클로팽 대왕이 소리쳤다.

기적의 거리 사람들은 일제히 손을 들며 "와아!" 하고 소리를 질렀다.

그들은 모두 무장을 하고 있었다. 어떤 자는 갑옷에 투구를 썼으며, 어떤 자는 단검을 차고 있었다. 어른들뿐 아니라 어린아이들까지 갑옷을 입고 있었다.

그런데 그 중에서 가장 눈에 띄는 사람이 있었으니, 바로 머리끝에서부터 발끝까지 무장을 한 한 젊은이였다.

그는 칼자루를 쥔 손을 높이 쳐들고 외쳤다.

"여러분, 나는 여러분의 친구 장 물랭입니다. 우린 지금부터 멋진 일을 하려고 합니다. 노트르담 성당을 습격하여 에스메랄다를 구하고 신부들을 몰아 냅시다! 모든 일은 순식간에 끝날 것입니다. 여러분, 콰지모도를 아십니까? 종 치는 꼽추 말입니다. 그는 악마 중의 악마입니다. 그러니 우리 손으로 그를 때려잡읍시다."

거지들은 모두 박수를 치며 너털웃음을 터뜨렸다.

"가엾은 에스메랄다! 그녀는 우리 모두의 누이동생이야. 꼭 구출해 와야만 해."

무장을 갖추며 한 거지가 말했다.

"그래, 친구. 가서 에스메랄다를 구하고, 성당도 약탈하자. 그 곳엔 금으로 만든 조각상도 있다."

다른 거지가 되받았다.

그 때 자정을 알리는 종소리가 울렸다.

"자, 시간이 됐으니, 모두들 무기를 들고 진군하라!"

클로팽이 큰 돌 위에 올라서서 소리쳤다.

그 말이 떨어지기가 무섭게 거지들은 요란스럽게 무기를 흔들며 밖으로 뛰어나갔다. 구름이 달을 가려 기적의 거리는 칠흑같이 깜깜했다. 그러나 거지들은 거리낌 없이 앞으로 나아갔다.

콰지모도는 바로 그 시간에 성당 안을 순찰하고 있었다. 마지막으로 성당 문을 점검하고 있을 때 클로드 부주교가 에스메랄다가 있는 탑으로 향했으나, 그는 눈치채지 못했다.

클로드 부주교에게는 콰지모도가 더 이상 가엾은 불구자가 아니라, 눈엣가시처럼 거추장스러운 훼방꾼이었다.

클로드 부주교는 골방에서의 사건 후로 콰지모도를 학대했다. 욕하고 때리고 걷어차기까지 했다. 그러나 콰지모도는 결코 불평하지 않았다. 다만 그가 종탑으로 올라가는 것만은 목숨을 걸고 막았다.

순찰이 끝나자, 콰지모도는 탑 꼭대기에 매달린 종들을 쳐다보았다. 참으로 오랜만에 보는 것이었다. 그는 북쪽 탑 꼭대기로 올라가 거리를 내려다보았다. 멀리 생 탕투안 성문 쪽에 불빛이 보였다. 바로 바스티유 감옥이었다.

콰지모도는 눈길을 돌려 어둠을 헤치고 지평선 쪽을 보았다. 그 날따라 모든 것이 불안했다. 며칠 전부터 험상궂게 생긴 남자들이 성당 주위를 돌며 에스메랄다의 방 쪽을 엿보고 있었던 것을 알기 때문에 더욱 그랬다. 그는 에스메랄다를 둘러싼 어떤 음모가 꾸며지고 있다는 것을 짐작했다.

강둑에서 무엇인가 움직이는 것이 보였다. 그것은 마치 물결처럼 천천히 전진하고 있었다. 주의하여 보니, 그것은 시내 쪽으로 움직이고 있었다.

잠시 후, 그 물결은 노트르담 성당 앞 그레브 광장에 나타났다. 물결은 앞으로 쑥 나오더니 삽시간에 광장을 가득 메웠다. 어둠 속에서도 콰지모도는 그 물결이 사람들이라는 것을 알 수 있었다. 사람들은 바로 노트르담 성당 앞으로 몰려왔다. 콰지모도는 그들이 에스메랄다를 해칠지 모른다는 생각이 들었다.

'에스메랄다를 깨워서 달아나도록 해야 하나? 하지만 대체 어디로 간단 말인가?'

성당 한쪽은 강에 맞닿아 있고, 나머지는 포위되어 있다. 그런데 배도 없다. 그렇다면 방법은 한 가지, 성당에서 죽음을 맞이할 수밖에 없었다.

'내 목숨이 다할 때까지 저들과 맞서자. 그렇다면 사랑스러운 에스메랄다는 깨울 필요가 없겠지.'

일단 결심을 하자, 콰지모도는 침착하게 적들을 살펴보았다. 사람들은 시시각각 불어나고 있었다. 그들이 광장을 거의 다 메웠을 때, 갑자기 대여섯 개의 횃불이 동시에 켜졌다. 콰지모도는 비로소 그들의 정체를 알게 되었다. 그들은 광인 교황에 뽑힌 자신을 에워싸고 행진을 벌였던 사람들이었다.

콰지모도는 등을 들고 종탑 사이에 있는 지붕으로 올라갔다. 좀더 적절한 방법을 생각해 보기 위해서였다.

이윽고 클로팽이 성당 앞 난간 위로 올라서서 쉰 목소리로 엄숙하게 외쳤다.

"나는 기적의 거리 클로팽 대왕이다. 우리의 누이동생 에스메랄다는 억울하게도 마녀로 몰려 지금 성당 안에 피신해 있다. 그런데 너희는 그녀를 다시 체포하려 하고 있다. 신부들은 들으라! 만일 하느님과 우리들이 없다면, 그녀는 내일 그레브 광장에서 교수형을 당하리라. 하지만 성당이 신성하다면 우리의 누이동생 역시 신성하다. 우리 누이동생이 신성하지 않다면 성당 또한 신성하지 않다. 따라서 성당의 신성을 지키기 원한다면, 우리의 누이동생을 우리 손에 돌려주어야 할 것이다. 이에 응하지 않으면, 우리는 누이동생을 구하고 성당을 파괴할 것이다. 그 증거로 여기에 군기를 꽂는다!"

그리고 클로팽은 젊은 부랑자가 건네주는 군기를 받아 포석 사이에 꽂았다. 그것은 끝에 피가 뚝뚝 떨어지는 살점이 꽂혀 있는 작살이었다.

그러나 굳게 닫힌 성당 문은 열리지 않았고, 어떤 응답도 없었다.

"쳐들어가라!"

클로팽이 군기를 번쩍 들며 소리쳤다.

그 명령에 따라 먼저 30명 정도의 우악스런 젊은이들이 앞으로 나왔다. 그들은 망치와 장도리와 철봉 등으로 성당의 문을 부수기 시작했다.

바로 그 때 뒤에서 '쾅!' 하고 하늘이 무너지는 듯한 엄청난 소리가 울려 퍼졌다. 동시에 귀가 찢어질 것 같은 비명이 밤공기를 갈랐다. 하늘에서 거대한 돌기둥이 떨어지며 한꺼번에 열두어 명의 젊은이들이 그 밑에 깔려 버둥거리고 있었다.

모두들 겁에 질려 우르르 뒤로 물러났다. 성당 앞은 눈 깜짝할 사이에 텅 비어 버렸다. 그것은 경찰 만 명보다 훨씬 큰 위력을 발휘했다.

모두들 넋이 나갈 정도로 놀라 허공을 바라보았다. 그러나 그들은 아무것도 볼 수가 없었다. 불빛이 꼭대기까지 미치지 않았던 것이다.

"이런 못난 놈들, 이건 신부들이 저항을 하는 것이다! 자, 두려워하지 말고 공격하라!"

클로팽이 소리쳤다.

그러나 아무도 앞으로 나가려 하지 않았다.

"빌어먹을! 사내 자식들이 저까짓 돌기둥을 무서워하다니!"

클로팽이 분통을 터뜨렸다.

"우리가 무서워하는 건 저 돌기둥이 아니라 바로 저 문이오. 벼락이나 쳐야 열릴는지, 도무지 꼼짝도 안하잖아요."

한 늙은 전사가 말했다.

그러자 클로팽은 뚜벅뚜벅 걸어서 돌기둥 쪽으로 갔다. 그리고 거기에 한 발을 척 올려놓았다.

"이게 바로 벼락이야. 이건 신부 놈들이 우리에게 선물로 준 거다!"

그의 말에 기적의 거리 사람들은 모두 돌기둥 쪽으로 몰려갔다. 그리고 힘을 모아 돌기둥을 든 다음, 그것으로 성당의 잠긴 문을 부수기 시작했다.

돌기둥은 금속 문을 북처럼 울리기 시작했다. 문은 부서지지 않았으나, 대성당의 건물들이 일제히 쿵쿵 울렸다. 그와 때를 같이하여 성당 위쪽에서 큼직한 돌멩이들이 날아오기 시작했다. 돌멩이는 정확하게 사람들의 머리와 다리를 맞혔다.

기적의 거리 사람들은 이번엔 물러서지 않았다. 동료의 시체를 밟고 흥건하게 괸 피에 다리를 적시며 공격을 계속했다. 그들은 이미 제정신이 아니었다.

그러나 콰지모도도 만만치 않았다. 마침 그 무렵 성당을 수리하느라 탑에 돌과 납덩이가 수북이 쌓여 있었다.

콰지모도가 서 있는 난간 조금 아래에 돌로 된 빗물받이 홈통 두 개가 정문 바로 위에 뚫려 있었다. 그 홈통의 앞쪽 구멍은 지붕에 닿아 있었다. 그것을 보는 순간, 콰지모도의 머릿속에 묘책이 떠올랐다.

콰지모도는 바로 다락방으로 뛰어올라가 나무 한 다발을 가져다가 그 위에 납덩이를 올려놓았다. 그런 다음, 나무 다발에 불을 붙여 그것을 홈통 구멍 가까이에 끌어다 놓았다.

그러는 사이에 기적의 거리 사람들은 성당 문을 거의 다 부수었다. 이윽고 마지막 힘을 가하기 위해 숨을 죽이는 순간, 그들 사이에서 찢어질 듯한 비명 소리가 터져 나왔다. 뜨거운 납물이 건물 위에서 쏟아지기 시작했던 것이다. 물론 그것은 콰지모도가 한 일이었다.

사람들은 끓는 납물 세례를 받으며 아우성을 쳤다. 바닥으로 떨어진 납물은 방울을 이루며 위로 튀어올라 그들의 머리에 박혔다. 성당 앞은 다시 텅 비었다.

일단 후퇴를 명한 다음, 클로팽은 부하들을 모아 공들로리에 저택 대문 앞에 서서 회의를 하였다.

"납물을 녹여 흘릴 줄이야……. 저 문을 부수지 못하고 이대로 돌아가야 하나?"

클로팽은 분해서 발을 굴렀다.

"한 번 더 돌기둥으로 밀어붙여 봅시다."

한 사람이 비장한 표정으로 말했다.

"그럴 게 아니라, 어디 구멍이나 뒷문을 찾아보도록 하지."

나이 든 사람이 말했다.

"그러는 게 좋겠군. 그런데 장 물랭인가 하는 그 학생은 어디 있지?"

클로팽이 물었다.

"죽은 모양이에요."

"씩씩한 게 마음에 들었는데 안 됐군. 그럼 그랭구아르는?"

"그자는 다리를 건너기도 전에 달아나 버렸어요."

"나쁜 놈! 우릴 부추겨 여기까지 오게 만들어 놓고 저만 달아났다고?"

클로팽이 분개하고 있을 때, 장 물랭이 다가왔다.

"아니, 저 친구 안 죽었네! 그런데 대관절 뭘 끌고 오는 거지?"

클로팽은 장 물랭을 보고 얼굴을 활짝 폈다.

장 물랭은 긴 사다리를 끌고 왔다.

"이봐, 그 사다리로 뭘 하려는 거야?"

클로팽이 물었다.

장 물랭은 싱긋 웃어 보였다.

"무엇 때문에 성당 문을 부수려는 겁니까? 이 사다리를 타고 지붕으로 올라가면 성당 안으로 들어가는 계단이 있어요. 그 계단으로 내려가면, 성당 안 어디든 갈 수 있지요."

사실 그는 누구보다도 성당의 구조를 잘 알고 있었다.

"자, 모두 나를 따라와요!"

장 물랭이 외쳤다.

순식간에 사다리가 회랑에 걸쳐지고, 기적의 거리 사람들은 환호성을 지르며 그 아래로 몰려들었다.

장 물랭은 맨 먼저 사다리에 다리를 올렸다. 입고 있는 갑옷이 거추장스러웠으므로, 그는 한 손으로 옷을 잡고 다른 한 손으로 사다리를 잡았다. 사람들이 그의 뒤를 따랐다.

이윽고 장 물랭은 발코니로 올라섰다. 그는 두 손을 번쩍 들어 뒤따르는 사람들에게 장난스레 흔들어 보였다. 그러다 갑자기 그의 얼굴이 굳어졌다. 조각상 뒤에 숨어 지켜보고 있는 콰지모도를 발견했던 것이다.

콰지모도는 두 번째 거지가 미처 발코니에 올라서기 전에 재빨리 달려가서 사다리를 꽉 잡았다. 사다리 위에서 아래까지 사람들이 개미처럼 매달려 있었다. 콰지모도는 사다리를 휘휘 젓다가 밀어 버렸다. 곧 사다리가 부서져 나가는 소리와 함께 처절한 비명 소리가 들렸다.

콰지모도는 두 손으로 난간을 잡고 그 광경을 내려다보고 있었다.

장 물랭은 콰지모도가 사다리를 쓰러뜨리는 동안에 뒷걸음질치면서 뒷문 쪽으로 갔다. 그러나 뒷문은 이미 콰지모도가 잠가 놓은 터였다.

콰지모도는 천천히 장 물랭의 앞으로 다가왔다. 어디를 둘러보아도 도망칠 구멍이 없었다. 장 물랭은 숨도 제대로 쉬지 못했다.

"왜 그런 우울한 눈으로 보는 거야!"

장 물랭은 콰지모도를 보며 장난스레 말했다. 그러면서 슬쩍 활을 쏠 준비를 했다.

"콰지모도, 내가 네 별명을 바꿔 주지. 앞으로 넌 장님이라고 불릴 거다!"

장 물랭의 손을 떠난 화살은 바람을 가르며 날아가 콰지모도의 왼쪽 팔뚝에 박혔다. 그러나 콰지모도는 태연하게 화살을 잡아 뽑았다. 그러더니 뽑은 화살을 무릎에 대고 그대로 부러뜨려 버리는 것이었다.

장 물랭은 더 이상 화살을 쏠 겨를이 없었다. 콰지모도는 메뚜기처럼 펄쩍 뛰어 장 물랭을 덮쳤다. 그런 다음, 왼손으로 그의 두 팔을 잡고 오른손으로는 무장 해제를 시키기 시작했다. 투구, 갑옷, 칼, 단도…….마침내 그 속에 입고 있는 옷까지 벗겨 냈다.

벌거숭이가 된 장 물랭은 갑자기 콰지모도의 얼굴에 대고 한바탕 웃음을 터뜨렸다. 괴물과 같은 콰지모도의 얼굴이 분노로 일그러져 있었다. 그 모습에서 장 물랭은 광인 교황 대회를 떠올렸던 것이다.

콰지모도는 우악스러운 손으로 장 물랭의 두 발을 잡아 벽에 대고 휘둘렀다. 그러다가 어둠 속으로 던져 버렸다.

"으아악!"

외마디 비명 끝에 '쿵' 하는 소리가 들렸다.

성당의 지붕 난간에서 던져진 장 물랭은 더 이상 움직이지 않았다. 그의 주위에 몰려든 사람들이 술렁이기 시작했다.

"복수다! 공격하라!"

"해치워라!"

그의 죽음이 사람들의 분노에 불을 당긴 것이었다.

이제 그들은 죽음을 두려워하지 않고 공격하기 시작했다. 그들은 여기저기서 사다리를 모으고, 손에손에 횃불을 밝혀 들었다. 그리하여 마치 개미 떼같이 노트르담 성당 벽을 타고 오르기 시작했다.

사람들은 마치 성난 파도같이 밀려왔다. 쉴새없이 난간을 오가던 콰지모도의 얼굴에 절망의 빛이 떠올랐다. 콰지모도는 에스메랄다를 위해 하늘에 빌었다.

루이 11세

그 무렵, 프랑스 국왕 루이 11세는 파리의 바스티유 감옥의 한 방에 머물고 있었다. 이틀 후에는 다시 몽틸 레투르 성으로 떠날 예정이었는데, 그는 그렇게 잠깐씩 파리에 머물다 가곤 했다.

루이 11세가 훌륭한 잠자리가 갖추어진 루브르 궁을 거처로 삼지 않는 것은, 그 규모가 너무 커서 경비하는 데 문제가 있었기 때문이다. 그래서 파리에 오면 으레 성벽과 망루가 있고 경비가 삼엄한 바스티유 감옥에 머물렀다.

그는 바스티유에서 가장 높은 방을 차지하고 있었다. 그 방에는 팔걸이 의자가 하나 있었다. 의자가 하나뿐인 것은, 그 방에서는 단 한 사람만이 앉을 수 있다는 뜻이었다. 그 의자 옆에는 테이블이 있고 그 위에는 촛불이 켜져 있었다.

루이 11세는 의자에 앉은 채 한 대신의 보고를 듣고 있었다.

조금 떨어진 곳에서는 플랑드르식으로 재단된 옷을 입은 두 사람이

나직한 소리로 무엇인가 이야기를 나누고 있었다. 그들은 바로 그랭구 아르의 연극을 관람했던 기욤 랭과 자크 코프놀이었다.

그 때 갑자기 문이 열리더니 누군가 방 안으로 뛰어들었다.

"폐하, 큰일났습니다! 파리 시내에 폭동이 일어났습니다!"

그는 왕의 주치의인 자크 쿠악티에였다.

왕은 얼굴을 약간 찌푸리며 얼른 플랑드르 사람들 쪽 눈치를 살폈으 나, 애써 태연한 척 자세를 바로잡았다.

"무슨 일인지 자세히 이야기해 보라!"

왕의 뜻을 짐작한 자크 쿠악티에는, 목소리를 낮추어 노트르담 성당 에서 벌어지고 있는 상황에 대해 들은 대로 이야기를 했다.

"겨우 그 정도의 일로 쉬쉬하나? 플랑드르 친구들과 우리는 비밀이 없다. 자, 거리낌없이 크게 얘기해 보라. 파리 시에 폭동이 일어났다 고?"

갑자기 돌변한 왕의 태도에 자크 쿠악티에는 어이가 없는 얼굴을 하 였다.

"하지만 폐하……."

"상관 없으니 어서 이야기하라. 그들이 법원장을 습격하려 한다고?"

왕은 재미있는 일이라도 벌어진 듯 싱글싱글 웃으며 물었다.

"네."

"그들이 왜 법원장을 습격하려고 하는 거지?"

"법원장이 그들의 지주이기 때문입니다. 폭도들은 기적의 거리에서 온 자들로, 벌써 오래 전부터 법원장을 미워했습니다. 그들은 그를 재 판관으로 인정하지도 않습니다. 그들은 폐하와 하느님만이 자기들의 주인이라는 겁니다."

루이 11세는 흐뭇한 듯 고개를 끄덕거렸다.

"법원장의 영지가 얼마나 되는데?"

"칼앙드르로에서 레브리, 그리고 생 키엘 성당에서 노트르담 성당 근처에 있는 뮈로 광장까지입니다. 그 밖에 소유하고 있는 저택이 열세 채이고, 기적의 거리도 그의 것입니다."

왕은 생각보다 법원장의 영지가 훨씬 넓은 데 놀랐다.

"아니, 그자가 파리의 번화가를 다 차지하고 있군."

왕은 손가락으로 코를 비비면서 잠시 생각에 잠겨 있다가 물었다.

"폭도의 수는 얼마나 되나?"

"적어도 6천 명은 되는데, 모두 무장을 하고 있습니다. 폐하, 속히 구원군을 보내지 않으면 법원장은 그들 손에 죽을 겁니다."

"좋아. 그렇다면 내일 아침에 구원병을 보내도록 하지. 법원장은 내 친구이기도 하니까."

"그 때까지 재판소는 스무 번도 더 노략질당하고, 법원장은 죽임을 당하고 말 것입니다."

"내일 아침에 보낸다고 하잖았나!"

왕은 자크 쿠악티에를 쏘아보며 말을 이었다.

"재판관이니 영주니 상전이 다 뭐야! 걸핏하면 통행세나 받고 수많은 교수대와 망나니로 짐의 백성들을 괴롭히는 작자들! 프랑스 인은 교수대만큼이나 많은 국왕을 모시는 셈이지! 좋아, 내 백성들아, 용감하게 싸워라!"

그러다 왕은 스스로의 말에 놀라 입을 다물었다. 주위에 있는 사람들 역시 놀란 눈으로 그를 바라보았다.

"아무튼 나는 법원장을 구할 생각이다. 하지만 여기에는 군대가 얼마 없으니, 내일 아침까지 기다려야 될 것이다."

왕의 결심은 변하지 않을 것 같았다.

"폐하, 잠깐 잊고 있었는데, 야경대가 폭도 중 낙오자 두 명을 잡아 왔습니다. 그들을 만나 보시겠습니까?"

자크 쿠악티에의 말에 왕은 반색을 했다.

"암, 보고말고! 어서 데리고 오라."

잠시 후, 근위 헌병대원들이 두 명의 포로를 데리고 들어왔다. 그 중 한 명은 술에 취한 채 중심을 잡지 못하면서도 한편으로는 몹시 놀란 표정이었다. 그러나 다른 한 명은 얼굴은 비록 창백했지만 한결 여유 있는 표정이었다.

"이름이 뭐냐?"

왕이 술 취한 포로에게 물었다.

"지에프루아 팽스부르라고 합니다."

"그대는 왜 폭동에 참가했나?"

"글쎄요, 잘 모르겠습니다. 전 그저 사람들이 가자고 해서 따라갔을 뿐입니다."

"그대들은 무엄하게도 법원장을 습격하려고 했다지?"

"모르겠습니다. 제가 알고 있는 건 사람들이 누군가의 집에서 뭔가를 훔치려 했다는 것뿐입니다."

"저자와는 한패인가?"

"아닙니다. 처음 보는 사람입니다."

"좋아. 트리스탕, 이자를 네게 줄 테니 마음대로 하라."

왕은 문 옆에 서 있는 병사에게 말한 다음, 다른 포로에게 물었다.

"그대 이름은 무엇인가?"

"피에르 그랭구아르입니다."

"직업은?"

"시인이자 철학자입니다."

"그대들이 감히 내 친구인 법원장을 습격하려고 했다지?"

"폐하, 저는 이 폭동과는 아무 관계도 없습니다. 본래 시인은 한밤에 산책하기를 좋아합니다. 우울증 때문이지요. 저 같은 직업을 가진 사람들이 흔히 앓는 병입니다. 오늘도 산책을 나갔다가 운나쁘게 잡힌 것입니다."

"닥쳐라, 당돌한 놈!"

"폐하, 이놈의 목을 매달까요?"

트리스탕이 그랭구아르를 가리키며 물었다.

순간, 그랭구아르의 얼굴이 새파랗게 질렸다. 조금 전의 여유는 찾아볼 수 없었다.

"폐하, 부디 저처럼 하찮은 놈에게 벼락을 내리지 마십시오. 벼락은 결코 배추 따위를 치지 않습니다. 저는 폐하의 충성스런 백성입니다. 차림새만 보시고 폭도나 강도라고 판단하지 마십시오. 제가 부자가 아닌 것은 사실입니다. 하지만 문학하는 사람들 중에 큰 부자는 없습니다. 오, 폐하! 인자함은 모든 미덕 중 으뜸이라 했습니다. 특히 군왕의 자비로움은 으뜸 중에 으뜸이라 할 것입니다."

말을 마치고 그랭구아르는 왕의 실내화에 입을 맞추었다.

"이거 이만저만 시끄러운 놈이 아니군. 좋아, 트리스탕, 이놈을 놓아 줘라!"

그랭구아르의 유창한 말솜씨에 마음이 풀린 왕이 말했다.

"아이고, 살았네! 폐하는 참으로 위대한 군왕이십니다!"

그랭구아르는 재빨리 문 쪽으로 내빼며 말했다. 행여 왕의 마음이 변할까 싶어서였다.

왕은 기분이 썩 좋았다. 시민들이 법원장에 대한 반란을 일으켰다니, 내심 바라던 바였던 것이다. 그는 의자 팔걸이를 손가락으로 가볍게 치면서 행진곡을 흥얼거렸다. 그러다가 갑자기 벌떡 일어나, 평소 손 하나 까딱하지 않던 그로서는 드물게 손수 창문을 열었다.

"시내 쪽 하늘이 온통 빨갛구나! 흠, 법원장 녀석은 저 불길 속에서 살려 달라고 발을 동동 구르고 있겠군. 오, 내 백성들이여! 그대들이 나를 도와 영주를 타도하는구나!"

왕은 흐뭇한 미소를 지으며 팔짱을 끼었다.

그 때 파리 시장과 야경대장이 들어왔다. 그들은 몹시 당황한 표정들이었다.

"폐하, 좋지 못한 소식을 아뢰게 되어 송구스럽습니다."

"무슨 일인가?"

"저 폭동은 법원장에 대한 것이 아니라 바로 폐하에 대한 것이라 하옵니다."

그들과 함께 들어온 올리비에 경이 말했다.

"뭐라고? 자세히 말해 보라!"

왕은 버럭 소리를 질렀다.

"폐하, 얼마 전 폐하의 신성한 재판정에서 마술을 쓰는 처녀가 사형 선고를 받았습니다. 그런데 사형이 집행되기 직전에 그 처녀는 노트르담 성당 안으로 피신했습니다. 오늘의 폭동은 그 처녀를 구하기 위해 일어난 것입니다."

올리비에 경이 무릎을 꿇은 채 차분하게 말했다.

왕은 새파랗게 질려 파리 시장과 야경대장을 노려보았다.

"그게 사실이냐?"

"네, 폐하. 폭도들은 지금 그 처녀를 구하기 위해 폐하의 보호 아래 있는 노트르담 성당을 공격하고 있습니다."

"이런 쾌씸한 것들! 그놈들이 노트르담 성당을 공격하고 있다고? 올

리비에 경의 말이 옳다. 놈들이 공격하는 건 바로 이 나라 왕인 나
다!"

왕은 방 안을 오락가락하며 어쩔 줄 몰라했다. 간혹 입술을 씰룩거리
며 주먹을 부르르 떨었다. 그러다 매서운 눈길로 트리스탕을 보았다.

"트리스탕, 가서 폭도들을 물리쳐라! 한 놈도 남기지 말고 모조리 잡
아 죽여라!"

"알겠습니다! 그런데 그 처녀는 어떻게 할까요?"

"아, 그 마녀 말인가? 폭도들은 그 처녀를 어쩔 작정이라던가?"

왕이 파리 시장에게 물었다.

"폭도들은 마녀가 처형되지 않은 데 불만을 품고 직접 목을 매달려고
하는 것 같습니다."

파리 시장은 사실과 다른 엉뚱한 대답을 했다.

왕은 잠시 생각에 잠겨 있더니, 주먹을 꽉 쥐고 마지막 명령을 내렸다.

"폭도들은 몰살시키고, 마녀는 처형하도록 하라!"

그랭구아르는 바스티유에서 나오자, 노트르담 성당 반대쪽인 생탕투안 거리로 내달렸다.

한참을 달려 그가 도착한 곳은 보두아예 문 앞 광장이었다.

그랭구아르는 광장 한가운데 서 있는 돌십자가 쪽으로 곧장 걸어갔다. 그러자 어둠 속에서 검은 옷에 두건을 쓴 사람이 그를 향해 다가왔다.

"아, 신부님!"

그는 그랭구아르와 만나기로 되어 있던 클로드 부주교였다.

"왜 이렇게 늦었나?"

"죄송합니다. 하지만 제 탓이 아닙니다. 오는 길에 야경대에 붙잡혀 왕에게까지 끌려가는 바람에, 하마터면 죽을 뻔했습니다."

"자네 변명은 여전하군."

"거짓말이 아닙니다."

"정말인지 거짓말인지는 나중에 따지기로 하고, 빨리 성당으로 가세. 자네, 부랑자들이 정한 암호는 알고 있겠지?"

"물론이죠. 제 머릿속에 똑똑하게 새겨져 있습니다. 그런데 탑까지는 어떻게 들어갔다 나오지요?"

"그건 염려 말게. 내게 탑의 열쇠가 있으니까. 나올 때는 성당 뒷문을 이용하면 돼. 오늘 아침 그쪽 강가에 배 한 척을 매어 놓았네."

두 사람은 서둘러 노트르담 성당 쪽을 향해 달리기 시작했다.

분 홍 신

그 시각, 콰지모도는 에스메랄다를 보호해야 한다는 오직 한 가지 생각으로 폭도들과 맞서고 있었다. 그러나 혼자서 밀물처럼 쏟아져 들어오는 그들을 막아 내기란 불가능했다.

그 때였다. 별안간 말발굽 소리도 요란하게 긴 횃불 대열이 광장으로 쏟아져 들어왔다. 페뷔스가 이끄는 구원병이었다.

"위대한 프랑스 병사들이여! 폭도를 무찔러라!"

구원병은 폭도들 사이를 헤치고 다니며 외쳤다.

그러나 폭도들은 잠시 당황했을 뿐 곧 무섭게 저항하기 시작했다. 폭도와 구원병 사이에 치열한 싸움이 전개되었다.

구원병들은 가차없이 칼을 휘둘러 폭도들을 찌르고 베었다. 이에 대항하여 거지들은 여자나 어린아이 할 것 없이 말의 엉덩이와 병사들을 향해 달려들었다. 그 중 커다란 낫으로 말의 다리를 베어 넘기는 사람이 있었으니, 바로 클로팽이었다. 그는 콧노래를 부르며 쉴새없이 낫을 휘둘렀다. 그의 낫질에 커다란 말들이 힘없이 나뒹굴었다. 그러나 어느 순간 그는 어둠 속에서 날아온 총탄을 맞고 쓰러졌다.

마침내 폭도들은 뿔뿔이 흩어져 달아나기 시작했다. 그것을 보고 콰지모도는 털썩 무릎을 꿇고 두 손을 높이 들었다. 그는 자신이 에스메랄다를 두 번이나 구했다는 사실이 감격스러웠다.

그는 당장 에스메랄다가 있는 골방으로 뛰어올라갔다. 그러나 골방은 이미 텅 비어 있었다.

폭도들이 노트르담을 공격하는 동안 에스메랄다는 자고 있었다. 그러다가 천둥치는 듯한 소리와 염소 잘리의 울음소리 때문에 잠을 깼다. 벌떡 일어나 밖으로 뛰어나가 보니, 숱한 그림자들이 광장을 가득 메운 채 성당을 공격하고 있는 것이 보였다.

에스메랄다는 깜짝 놀라 다시 방으로 뛰어들었다. 그리고 불안한 마음을 달래기 위해 잘리를 끌어안고 어둠 속에서 기도를 올리고 있었다.

그 때 조심스러운 발자국 소리가 들려왔다. 그녀는 겁에 질려 몸을 움크렸다. 곧 두 사나이가 방으로 들어왔다.

"앗!"

그녀의 입에서 공포에 찬 소리가 새어 나왔다.

"나요. 무서워하지 말아요."

한 남자가 그녀를 안심시켰다.

"누구세요?"

"피에르 그랭구아르."

그 이름을 듣는 순간, 에스메랄다는 반가워 눈물이 날 지경이었다. 그녀는 움츠렸던 어깨를 폈다.

"그런데 저 사람은 누구죠?"

그녀는 그랭구아르 옆에 선 검은 옷의 남자를 가리키며 물었다.

"내 친구요. 그보다 우선 여길 빠져 나가야 해요. 사람들이 당신을 다시 사형시키려고 한답니다. 자, 어서 우리를 따라와요."

에스메랄다는 그들을 따라 종탑 계단을 내려가 수도원 마당으로 나갔다. 신부들은 모두 달아나고 없었다.

세 사람은 곧장 성당 뒷문 쪽으로 갔다. 그랭구아르의 친구라는 사나이가 열쇠를 꺼내 문을 열었다.

뒷문 밖으로 나가자, 강가의 포도 덩굴 사이에 배 한 척이 숨겨져 있었다. 그랭구아르의 친구라는 사나이는 에스메랄다와 그랭구아르와 염소를 먼저 배에 태웠다. 그런 다음, 자신도 배에 올랐다.

이윽고 배는 강물을 따라 나아가기 시작했다. 그랭구아르는 염소를 안았다. 에스메랄다는 그의 옆에 바짝 붙어 앉아, 친구라는 사나이를 살펴보았다. 그러나 워낙 두건을 깊이 눌러 쓴 탓에 얼굴을 볼 수가 없었다.

마침내 배가 둑에 닿았다. 그랭구아르의 친구라는 사나이는 에스메랄다를 부축하기 위해 팔을 잡았다. 그녀는 그를 뿌리치고 그랭구아르의 소매에 매달렸다. 그러나 그랭구아르는 염소들 돌보느라 그녀를 잡아 줄 수가 없었다. 그녀는 할 수 없이 혼자 둑으로 뛰어내렸다.

배에서 내리자마자 그녀는 정신없이 걷기 시작했다. 어디로 가는지도 모른 채 무작정 걸을 뿐이었다. 그러다 문득 정신을 차리고 보니, 그랭구아르와 잘리는 어디론가 사라지고 그랭구아르의 친구라는 사나이만 곁에 있었다.

그 사실을 확인하는 순간, 그녀는 온몸에 소름이 끼쳤다. 그 때 그가 손을 뻗었다. 그리고 그녀의 팔을 움켜쥔 채 그레브 광장 쪽으로 성큼성큼 걸음을 옮겨 놓았다.

"당신은 누구세요?"

강둑을 걸으며 그녀가 물었지만, 사나이는 대답하지 않았다.

그들은 곧 광장의 교수대 옆에 도착했다. 사나이는 그제야 두건을 벗어던졌다.

"아, 아니 당신은?"

그 사나이가 바로 클로드 부주교라는 것을 안 순간, 에스메랄다는 화석처럼 굳어지고 말았다.

"여기는 그레브 광장이야. 너는 이 곳에서 네 운명을 결정짓지 않으면 안 돼. 그 전에 내 말 잘 들어. 절대 페뷔스 얘긴 하지 마! 그놈 이름을 입 밖에 내면 내가 무슨 짓을 할지 모르니까."

클로드 부주교는 음산한 목소리로 말을 이었다.

"최고 법원은 너를 다시 교수대로 보내기로 결정했지만, 난 너를 그들에게서 구해 냈어. 봐, 지금도 저들은 너를 찾고 있어."

그는 시내 쪽을 가리켰다. 아닌게아니라 강둑 반대쪽에서는 군사들이 횃불을 든 채 거리를 뒤지고 있었다.

"네 생명은 내 손에 달려 있고, 나는 너를 돕고 싶어."

그리고 클로드 부주교는 교수대 쪽으로 몸을 돌리고 자못 비장한 투로 물었다.

"자, 나와 교수대 중 어느 쪽을 선택하겠나?"

에스메랄다는 아무 말도 못하고 그대로 주저앉아 버렸다.

"지금에야 진심을 말하지만, 난 너를 사랑해. 그 사랑이 밤이고 낮이고 내 가슴을 온통 태우고 있어. 이봐, 내가 불쌍하지도 않나? 왜 거들떠보지도 않는 거야? 그러니까 내가 자꾸 고약해지고 악해지잖아! 내가 저승과 이승을 오락가락하며 얘기를 하고 있는 지금도 딴 생각을 하고 있지? 왜 그렇게 냉정한 거지?"

클로드 부주교는 손으로 얼굴을 감싸쥐고 흐느껴 울었다. 난생 처음 흘리는 눈물이었다.

그러나 에스메랄다는 그의 눈물 따위에는 아랑곳하지 않고 고개를 돌렸다.

"넌 내가 죽는 것을 보아도 웃을 거야. 사랑한다는 말은 바라지도 않아. 날 용서한다고 한 마디만 해 줘. 제발……."

그는 애원했다.

그녀는 무슨 말인가 할 듯 그를 똑바로 바라보았다. 그는 그녀 앞에 무릎을 꿇었다. 어쩌면 자신을 뜨거운 감동으로 끌어안을지도 모를 그 말을 기다리는 것이었다.

"난 결코 당신을 용서 못해요! 당신은 살인자야!"

에스메랄다가 말했다.

그는 미친 듯이 웃기 시작했다. 그러다 갑자기 그녀를 끌어안았다.

에스메랄다는 그에게서 벗어나려고 버둥거리며 소리쳤다.

"이거 놔요! 이 세상에서 내가 사랑하는 사람은 오직 페뷔스뿐이에요! 그는 내게 태양 같은 사람이란 말이에요!"

페뷔스라는 이름을 듣더니, 클로드 부주교는 마치 뜨거운 인두를 가슴에 댄 것처럼 날카로운 비명을 질렀다. 그리고 분노와 질투로 시뻘겋게 달아오른 눈으로 그녀를 노려보았다.

에스메랄다는 너무 두려워 그에게서 달아나려고 했다. 그러자 그는 갑자기 그녀의 팔을 잡고 투르 롤랑의 탑을 향해 질질 끌고 갔다.

"마지막으로 묻겠다. 내 것이 되겠는가?"

투르 롤랑의 탑 앞에 이르러 클로드 부주교가 다시 물었다.

"천번 만번 물어도 내 대답은 마찬가지예요. 그러느니 차라리 죽는 게 나아요!"

그녀는 분명하게 대답했다.

그러자 클로드 부주교는 에스메랄다를 쇠창살 쪽으로 밀어붙이며 소리쳤다.

"귀뒬 수녀, 여기 그 집시 계집애가 왔으니 복수하시오!"

클로드 부주교의 말이 끝나기가 무섭게 쇠창살 사이로 뼈만 남은 손이 쑥 나와 에스메랄다의 팔을 움켜쥐었다.

"단단히 붙들고 있어요! 난 가서 병사를 데려올 테니까. 이 계집애가 죽는 것을 기쁘게 구경합시다."

클로드 부주교는 노파의 손에 에스메랄다를 맡기고 노트르담 다리 쪽으로 뛰어갔다.

"놓아 주세요! 제발 놓아 주세요!"

에스메랄다는 그 손에서 벗어나려고 안간힘을 썼다. 그러나 허사였다. 그럴수록 그 손은 그녀의 살 속으로 파고들었다.

마침내 그녀는 지쳐 쇠창살에 기댄 채 고개를 떨구었다. 죽음의 그림자가 서서히 다가오는 것을 느꼈다.

"내가 당신에게 무슨 잘못을 했다고 이러는 거죠?"

그녀는 체념한 표정으로 물었다.

"내게 무슨 짓을 했냐고? 나는 집시라면 다 저주한다. 집시가 나의 귀여운 아기를 훔쳐가 먹어 버렸다. 아, 내 아네스!"

에스메랄다는 고개를 저었다.

"하지만 난 몰라요. 그 때는 태어나지도 않았어요!"

"그럴 리가 없어! 넌 그 때 이미 태어났어! 내 딸이 살아 있다면 아마 네 또래일 거다. 그 후 난 이 곳에서 15년 동안 기도를 드렸지. 오, 가엾은 우리 아기! 이 창살만 없다면 널 죽일 텐데!"

귀뒬 수녀는 우는 것인지 웃는 것인지 모를 소리를 내며 말했다.

그러는 사이에 동이 트기 시작했다. 어둠이 밀려가고 밝아 오는 새벽빛이 을씨년스러운 투르 롤랑 탑과 교수대를 어렴풋이 드러내 주었다.

광장 저 멀리서 말굽 소리가 들려왔다. 에스메랄다를 잡으러 오는 병사들이었다.

"그들이 오고 있어요! 부디 나를 가엾게 여겨 주세요! 난 아무 짓도 하지 않았어요. 난 이렇게 죽고 싶지 않아요."

에스메랄다가 울면서 애원했다.

그러나 귀뒬 수녀는 더욱 세게 그녀의 팔을 틀어쥐었다.

"내 아기를 내놔!"

"아, 난 부모를 찾고 있는데 당신은 아기를 찾고 계시는군요!"

"내 딸 아네스를 내놔! 이렇게 신발만 한 짝 남겨 놓은 채 어디로 데려간 거야? 봐, 이게 내 딸의 신이야. 나머지 한 짝이 어디 있는지 가르쳐 준다면, 이 세상 끝까지라도 쫓아갈 거야!"

귀될 수녀는 미친 듯이 소리를 지르며 분홍신을 들어 보였다.

순간, 에스메랄다의 눈길은 그 분홍신에 멎은 채 꼼짝도 하지 않았다.

"이럴 수가……."

에스메랄다는 기절할 듯이 놀랐다. 그러나 곧 정신을 차리고 목에 걸고 있던 조그만 주머니에서 무엇인가를 꺼냈다. 그것은 귀될 수녀가 내민 것과 똑같이 생긴 신발이었다.

그것을 본 순간, 귀될 수녀 역시 그녀만큼이나 충격을 받았다.

"오, 내 딸아!"

그 목소리는 가슴 깊은 곳에서 나오는 듯 심하게 떨리고 있었다.

"아아, 나의 아기! 나의 아네스!"

"어머니!"

그들은 서로 안타깝게 부르짖었다. 그러나 쇠창살이 둘 사이를 가로막고 있었다.

"15년 동안 그리던 딸을 만났는데 껴안아 보지도 못하다니! 손을 이리 다오, 손을!"

두 모녀는 서로의 손에 키스를 퍼부으며 울부짖었다.

사랑과 복수

귀될 수녀는 두 손으로 쇠창살을 잡아 흔들기 시작했다. 그러나 쇠창살은 끄떡도 하지 않았다. 그러자 그녀는 베개로 삼고 자던 돌을 들고 와서, 그것으로 쇠창살을 힘껏 내리치기 시작했다. 한 번, 두 번, 세 번……. 쇠창살은 파란 불꽃을 내더니 곧 부러지고 말았다.

"이리 오너라, 너를 구해 주마!"

그녀는 에스메랄다를 골방 안으로 끌어들였다. 그리고 아기를 다루듯 딸을 안고 입을 맞추며 소리를 지르고, 노래를 부르다가 눈물을 쏟았다.

"오, 내 딸! 내 딸이 얼마나 아름다운지 누가 와서 봐 주세요! 하느님, 당신은 저를 15년 동안이나 기다리게 하시더니, 이렇게 아름다운 딸로 키워 돌려주시려고 했던 것이군요! 오, 내 딸! 네가 지나갈 때마다 가슴이 두근거렸던 이유를 이제야 알겠구나! 어디, 다시 한 번 보자꾸나!"

그녀는 연신 딸의 얼굴과 머리카락을 쓰다듬고, 발과 무릎과 눈에 키스를 퍼부었다.

"어쩌면 이렇게 귀여울까! 우리 고향에 돌아가면, 성당의 아기 예수에게 이 신을 신겨 주자꾸나. 우린 성모 마리아께 은혜를 갚아야 해."

그리고 그녀는 다시 에스메랄다를 품에 꼭 끌어안았다.

바로 그 때 가까이에서 무기 부딪치는 소리와 말발굽 소리가 들렸다.

"어머니, 절 살려 주세요! 그들이 오고 있어요!"

"아, 내가 깜박 잊고 있었구나! 그런데 대체 무슨 죄를 지은 거냐?"

"저도 몰라요. 하지만 사형 선고를 받았어요."

그 말에 귀뒐 수녀는 쓰러질 듯 비틀거렸다.

"사형이라고! 이게 무슨 소리냐? 15년 만에 만난 딸을 겨우 1분밖에 볼 수 없다니! 어림없는 소리!"

귀뒐 수녀의 얼굴은 화석처럼 굳어졌다.

"신부 말로는 그 계집이 이 골방에 있을 거라고 했습니다."

기마병의 목소리였다.

"아가, 얼른 달아나거라! 저들이 널 잡아 죽이기 전에 어서! 아니, 저 구석에 숨어 있거라. 내가 널 놓쳤다고 하마."

그녀는 얼른 방 한구석에 딸을 앉혔다. 그리고 자신도 한결 침착해진 모습으로 무릎을 꿇고 앉았다. 완전히 동이 트기 전이라 골방에는 아직 어둠이 깃들여 있었다.

그런데 그 때 그 끔찍한 클로드 부주교의 목소리가 들렸다.

"저쪽이오!"

에스메랄다는 움찔했다.

그 사이에 기병대와 보병대가 그레브 광장에 늘어서 있었다.

"이봐, 우린 마녀를 찾고 있다. 그 마녀가 당신에게 잡혀 있다던데?"

그들 중 지휘관으로 보이는 남자가 골방 창가에 다가와서 물었다.

귀딜 수녀는 얼른 창을 막아섰다.

"무슨 말씀인지 모르겠는데요."

귀딜 수녀는 될 수 있는 한 무심하게 말했다.

"뭐야? 그럼 부주교가 거짓말을 했단 말인가? 어서 사실대로 말해라."

"아아, 그 계집애요? 아까 누군가가 제 손에 떠맡기고 간 계집애라면 여기 없습니다. 제 손을 물어뜯고 달아나 버렸죠."

계속 잡아떼면 의심을 받을지도 모른다는 생각에 얼른 둘러댔다.

지휘관은 얼굴을 찌푸렸다.

"이 늙은 귀신아! 내 이름은 트리스탕이다. 거짓말을 하면 가만 안 둬!"

"전 더 이상 할 말이 없습니다. 두려울 것도 없고요."

"그럼 어느 쪽으로 갔나?"

"무통 거리 쪽으로요. 더 이상 묻지 말아요. 난 누구보다도 그년을 미워해요."

"그건 사실입니다. 저 여잔 밤마다 보헤미아 여자들을 저주하죠. 그러니까 일부러 집시 계집애를 놓친 게 아닐 겁니다."

한 병사가 트리스탕에게 다가와 말했다.

트리스탕은 할 수 없이 말머리를 돌리며 병사들에게 출발할 것을 명했다.

그 때 트리스탕의 뒤쪽에서 귀에 익은 목소리가 들려 왔다.

"제기랄! 마녀 목을 매다는 건 내 소관이 아니니 당신이 알아서 하시오. 난 내 중대로 돌아가겠소."

그 목소리의 주인은 페뷔스였다. 페뷔스가 가까이 와 있는 것을 안 에스메랄다는 미처 어머니가 말릴 사이도 없이 창가로 달려갔다.

"페뷔스! 나의 페뷔스!"

그녀는 미친 듯이 부르짖었다. 그러나 이미 페뷔스는 말을 달려 모퉁이로 사라진 뒤였다. 귀딀 수녀는 딸에게 달려들었다. 그리고 딸의 목에 손톱을 박아 사정없이 뒤로 낚아챘다. 그러나 때는 이미 너무 늦었다. 트리스탕이 그녀를 본 것이다.

"앙리에트 쿠쟁은 어디 있나?"

그가 병사들을 향해 소리쳤다.

그러자 대열 속에서 군복을 입지 않은 한 사내가 나왔다. 그는 한 꾸러미의 밧줄을 들고 있었다.

"우리가 찾고 있던 마녀가 저기 있네. 가서 목을 매달게."

트리스탕이 명령했다.

앙리에트가 군사들과 함께 골방으로 뛰어들었다. 그러자 귀딀 수녀는 더 이상 저항하지 않고 딸 곁으로 기어가 힘껏 끌어안았다.

"어머니. 절 지켜 주세요."

"오냐, 내 아가!"

어머니는 딸의 볼에 키스를 퍼부으며 가냘프게 말했다. 모녀는 그렇게 한 덩이가 되어 방 안에 쓰러져 있었다.

앙리에트는 에스메랄다의 어깨를 잡았다. 그 순간, 에스메랄다는 정신을 잃고 말았다. 앙리에트는 그녀를 끌어올렸다. 그러나 귀될 수녀가 어찌나 굳세게 딸의 허리에 매달려 있는지 들어올릴 수가 없었다. 그는 할 수 없이 두 사람을 질질 끌고 나올 수밖에 없었다.

날은 훤하게 밝아 있었다. 광장에는 벌써 많은 구경꾼들이 몰려 있었다. 그러나 트리스탕이 워낙 험상궂은 표정으로 둘러보는 바람에 감히 가까이 올 생각을 못했다.

앙리에트 쿠쟁은 에스메랄다의 목에 밧줄을 걸었다. 그 때까지 정신을 잃고 있던 에스메랄다는 밧줄의 섬뜩한 느낌에 눈을 떴다. 순간, 머리 위에 있는 교수대가 눈에 띄었다.

"싫어! 아아, 어머니, 살려 주세요!"

그녀는 울면서 발버둥치기 시작했다.

귀될 수녀는 딸을 꼭 껴안고 계속 키스를 퍼부었다. 앙리에트는 귀될 수녀의 팔을 풀기 위해 손아귀에 힘을 주어 당겼다. 그러나 너무 지쳐 있었는지, 그녀는 자기 스스로 팔을 내렸다. 그 사이에 앙리에트는 얼른 에스메랄다를 어깨에 둘러메고 교수대의 계단을 오르기 시작했다.

그 때 귀될 수녀가 벌떡 일어났다. 그녀는 번개 같은 동작으로 앙리에트에게 달려들었다. 그러더니 그의 손을 사정없이 물어뜯었다.

"아악!"

앙리에트의 비명에 군사들이 달려와, 귀될 수녀를 사정없이 밀어젖혔다. 그녀는 그대로 바닥에 나가떨어졌다. 군사들은 다시 달려들어 그녀를 일으켜 세웠다. 그러나 여자는 이미 죽어 있었다.

앙리에트는 에스메랄다를 둘러메고 다시 계단을 오르기 시작했다.

콰지모도는 에스메랄다가 없어진 것을 알고 피가 거꾸로 솟는 기분이었다. 그는 두 손으로 제 머리털을 잡아뜯으며 펄쩍펄쩍 뛰었다. 그러다가 알아듣지도 못할 소리를 지르며 성당 안을 온통 뒤지고 다녔다.

국왕이 보낸 구원군이 성당 안으로 밀려들어오기 시작했다. 콰지모도는 그들이 에스메랄다를 찾는 속셈을 몰랐다. 그는 폭도를 노트르담 밖으로 몰아 내기 위해 그들이 출동한 줄만 알고 있었다. 그래서 그들을 안내하며 그녀가 숨어 있을 만한 곳을 샅샅이 뒤지기 시작했다.

병사들은 에스메랄다가 성당 안에 없다는 것을 알고 노트르담에서 철수했다. 그러나 콰지모도는 그들이 돌아간 후에도 찾기를 멈추지 않았다. 여기저기 뛰어다니고, 오르내리고, 부르고, 냄새를 맡았다. 이윽고 콰지모도 역시 그녀가 성당 안에 없다는 사실을 인정하지 않을 수 없었다.

콰지모도는 그 동안 그녀가 와 있을지도 모른다는 생각이 들어 다시 한 번 골방에 가 보기로 했다. 그러나 난간 모퉁이를 돌아 막상 골방 앞에 서자, 얼른 문을 열 수가 없었다. 마음속에 불안함과 기대감이 묘하게 교차했던 것이다.

그는 발끝으로 살금살금 다가가 조심스럽게 문을 당겨 보았다. 혹시나 했지만, 역시 그 곳에는 아무도 없었다. 미친 듯이 방 안을 뒤져 보았지만, 역시 없었다. 그러다 그는 갑자기 들고 있던 횃불을 방바닥에 내던지고 마구 짓밟아 버렸다. 그런 다음에는 자기 머리를 깨뜨릴 결심이라도 한 듯 돌벽에 머리를 마구 부딪치다가 정신을 잃고 쓰러졌다.

잠시 후, 콰지모도는 무릎으로 기어서 밖으로 나왔다. 문 앞에 웅크리고 앉아 한없이 울기 시작했다. 그는 에스메랄다를 납치한 사람이 과연 누구일까 생각해 보았다. 누가 그 곳까지 와서 그녀를 끌고 갔을까. 그때까지만 해도 이것은 미처 생각지 못한 문제였다. 오직 그녀를 찾아야

겠다는 생각뿐이었기 때문이다.

콰지모도는 문득 클로드 부주교를 떠올렸다. 골방으로 통하는 계단의 열쇠는 자신과 부주교만이 갖고 있었기 때문이다. 그는 클로드 부주교가 범인임을 믿어 의심치 않았다. 그는 에스메랄다를 두 번이나 겁탈하려고 한 사람이었다. 처음에는 콰지모도가 그 일을 거들었고, 두 번째는 방해했다.

콰지모도는 클로드 부주교를 존경하고 있었다. 그에 대한 감사와 사랑은 참으로 뿌리가 깊은 것이었다. 따라서 그가 범인이라는 확신과 함께 그에 대한 저항과 실망을 느끼면서도 한편으로는 몹시 괴로웠다.

이윽고 콰지모도는 무엇인가 결심한 듯 자리에서 일어나 무거운 발걸음을 옮겼다. 그 때 복도 난간 모퉁이에 그림자가 하나 나타났다. 콰지모도는 대번에 그가 누구인지 알았다. 바로 클로드 부주교였다. 그는 센 강의 오른쪽 둑을 보며 걷고 있었다. 콰지모도는 그의 뒤를 밟았다.

클로드 부주교는 종탑 꼭대기에 올라가 난간에 기대서서 아래를 내려다보았다. 콰지모도는 발소리를 죽이고 천천히 그에게 다가갔다. 그는 완전히 넋이 나간 모양으로 콰지모도가 다가오는 것도 모르고 있었다.

콰지모도는 그에게 에스메랄다의 행방에 대해 묻고 싶었다. 그러나 마치 얼빠진 사람처럼 손끝 하나 까딱하지 않는 그에게 감히 물어 볼 엄두가 나지 않았다.

클로드 부주교의 시선은 그레브 광장의 교수대 근처에 머물러 있었다. 교수대에는 사다리가 걸려 있었다. 그 밑에는 많은 병사들과, 그보다 훨씬 적은 구경꾼 몇 명이 있었다.

한 사나이가 흰 물체 하나를 질질 끌고 가고 있었다. 그 흰 물체에는 검은 물체가 매달려 있었다. 콰지모도는 그것이 무엇인지 정확하게 알 수 없었다. 애꾸눈인 탓에 시력이 그 곳까지 미치지 않았던 것이다.

사나이는 천천히 교수대 사다리를 올라가기 시작했다. 그의 어깨에는 흰 물체만 매달려 있었다. 콰지모도는 비로소 그 흰 물체가 에스메랄다라는 것을 알았다. 그녀의 목엔 밧줄이 걸려 있고, 이미 목숨이 끊어진 듯 축 늘어져 있었다.

이윽고 사나이는 사다리 꼭대기에 이르러 있었다. 그는 그 곳에서 밧줄을 고쳐 맸다. 클로드 부주교는 그 광경을 조금 더 잘 보려고 무릎을 꿇었다. 그 때 사나이가 발뒤꿈치로 사다리를 툭 차서 밀어 버렸다. 그러자 에스메랄다는 밧줄 끝에 대롱대롱 매달리게 되었다.

콰지모도는 제대로 숨을 쉴 수가 없었다. 밧줄은 여러 번 뱅글뱅글 돌았으며, 그 때마다 에스메랄다의 몸은 심하게 경련을 일으켰다. 클로드 부주교는 목을 쑥 뺀 채 그 끔찍한 광경을 지켜보고 있었다. 그의 얼굴에 서서히 미소가 번지기 시작했다. 잔인한 미소였다. 그러다 어느 한 순간에 그는 커다랗게 웃음을 터뜨렸다. 그 웃음소리를 들으며 콰지모도는 그 때까지 간직하고 있던 그에 대한 존경심과 사랑을 모두 잃고 말았다.

콰지모도는 앞으로 나아가 그 투박한 손으로 클로드 부주교의 등을 밀쳐 버렸다.

"지옥으로 떨어져라!"

"으아악!"

클로드 부주교는 비명을 지르며 밑으로 떨어졌다. 그러나 그는 바로 떨어지지 않고 중간에 있는 빗물을 모으는 홈통에 걸렸다. 그는 겁에 질려 소리를 지르려고 했다. 그러나 그 순간 난간 위로 나타난 얼굴을 보고 입을 다물었다. 콰지모도가 무서운 얼굴로 자신을 내려다보고 있었기 때문이다.

클로드 부주교는 땅 위에서 60미터나 되는 높은 곳에 걸린 채 한 마디 비명도 지르지 못했다. 어떻게 해서든 다시 종탑으로 올라가려고 했지만, 마땅하게 잡을 것이 없었다. 그러다가 벽면에 튀어나온 화강암을 어렵사리 붙잡았다. 콰지모도가 손만 뻗으면 닿을 수 있었으나, 그는 오직 교수대만 바라보고 있었다.

콰지모도는 조금 전까지 클로드 부주교가 있던 자리에 서 있었다. 그의 얼굴은 온통 눈물로 젖어 있었다. 클로드 부주교 따위에는 아랑곳하지 않고 에스메랄다의 마지막 모습을 지켜보고 있었던 것이다.

클로드 부주교의 대머리에서는 땀이 줄줄 흘러내렸다. 화강암을 움켜쥔 손톱에서는 피가 배어 나오고 있었다. 홈통에 걸린 법의는 그가 움직일 때마다 조금씩 찢어졌다. 게다가 홈통의 받침대는 납으로 되어 있어 차츰 휘어졌다.

클로드 부주교는 공포에 사로잡혀 밑을 내려다보았다. 그는 괴로움 속에서 백 년을 살지라도 죽지 않게 해 달라고 기도했다. 그러나 홈통은 더욱 휘어져 가고 돌을 잡은 손아귀 힘마저 서서히 빠지고 있었다.

마침내 클로드 부주교는 모든 것이 끝장났다는 것을 깨달았다. 그와 함께 죽음의 공포가 밀려왔다. 그는 마지막 힘을 다해 두 무릎으로 벽을 밀고 양손으로 화강암을 움켜쥐었다. 그 바람에 그는 족히 한 자는 기어올라갔을 것이다. 그러나 그 움직임에 홈통 받침대가 떨어지고, 마침내 홈통이 완전히 휘어지며 클로드 부주교의 몸은 나뭇가지를 떠난 잎사귀처럼 아래로 떨어져 내렸다.

"으악!"

콰지모도는 그가 떨어지는 것을 보았다. 클로드 부주교는 처음에는 머리를 아래로 향한 채 양팔을 펴고 떨어지더니, 곧 빙글빙글 돌면서 바람을 타고 날아갔다. 그러다 어느 지붕 위에 나가떨어졌다.

콰지모도는 클로드 부주교가 바로 죽지 않았다는 것을 알았다. 그가 손으로 지붕의 한귀퉁이를 잡으려고 애쓰는 것이 멀리서도 보였기 때문이다. 그러나 지붕은 너무 가파랐고, 그는 이미 힘이 다 빠져 있었다.

얼마 후, 클로드 부주교는 지붕에서 미끄러져 땅바닥으로 떨어졌다. 그 다음에는 꼼짝도 하지 않았다.

콰지모도는 다시 눈을 돌려 교수대 쪽을 바라보았다. 그 곳에서 에스메랄다가 마지막으로 심한 경련을 일으키는 것이 보였다. 그리고 그 후에 그녀 역시 꼼짝도 하지 않았다.

"아아, 이것으로 끝이로구나! 난 저 둘을 모두 사랑했는데……."

콰지모도는 클로드 부주교와 에스메랄다를 번갈아 보며 슬퍼했다.

그날 저녁 성당의 신부들이 클로드 부주교의 시체를 치울 때, 콰지모도는 이미 어디론가 모습을 감춘 뒤였다.

콰지모도가 사라진 뒤에 파리에는 여러 가지 소문이 나돌았다. 사람들은 콰지모도라는 악마가 예정대로 클로드 부주교라는 마술사를 데려간 것이라고 했다. 마술사의 영혼을 가져가면서 악마가 그의 육체를 산산조각냈다는 것이다. 그와 같은 소문 때문에 클로드 부주교는 성스러운 땅에 묻히지 못했다.

그 후 1년 반쯤 지났을 때, 사람들은 사형수의 시체를 모아 놓는 몽포콩의 지하실에서 한 시체가 어떤 시체를 껴안고 있는 것을 발견했다.

남아 있는 흰 옷조각, 유리 세공품으로 장식한 푸른 비단 주머니가 목에 걸린 것으로 볼 때 두 시체 중 하나는 여자임에 틀림없었다. 그 시체를 껴안고 있는 것은 남자의 시체 같았는데, 등뼈가 구부러진 채 머리뼈가 어깨 속에 파묻혀 있었으며, 한쪽 다리가 다른쪽 다리에 비해 짧았다. 그러나 목뼈가 성한 것으로 보아 교수형을 당하지 않은 것이 분명했다. 사람들이 두 개의 시체를 떼어 내려 하는 순간, 그것은 이내 한 줌의 먼지로 변해 버렸다.

작품 알아보기
(장편문학)

〈노트르담의 꼽추〉는 빅토르 위고가 1831년에 발표한 소설로, 원래 제목은 〈파리의 노트르담〉이다.

집시 치녀 에스메랄다는 매력적인 여자로, 파리의 노트르담 성당의 부주교 클로드도 그녀에게 한눈에 반해 버린다. 그래서 종치기 콰지모도를 시켜 에스메랄다를 납치하고자 하나, 경비 대장 페뷔스가 에스메랄다를 구출한다. 에스메랄다는 페뷔스를 사모하게 되고, 그 사실을 알게 된 클로드는 그녀가 보는 앞에서 페뷔스를 칼로 찌른 뒤 그녀에게 살인미수죄를 뒤집어씌운다. 결국 에스메랄다는 교수형을 선고받는데, 형이 집행되기 직전 콰지모도에 의해 구출된다. 에스메랄다를 구출하기 위한 파리의 거지들과 콰지모도가 대립하고 있는 와중 클로드는 그녀를 노트르담에서 빼내 오고, 에스메랄다는 클로드로부터 도망치다 다시 경찰에게 붙잡힌다. 에스메랄다가 교수형을 당하려는 순간, 이 광경을 탑에서 내려다보던 클로드 부주교를 콰지모도가 등뒤에서 떠민 다음, 콰지모도 역시 사라져 버린다.

작가는 흉측한 몰골을 지녔으나 맑고 순수한 영혼을 지닌 콰지모도를 통해 종래의 억압된 가치관과 사회제도적 모순에서 벗어나 인간 중심의 감정과 정신 세계를 강조하고 있다.

논술 길잡이
(장편문학)

❶ 다음 그림은 채찍으로 매를 맞고 묶여 있는 콰지모도에게
에스메랄다가 한 모금의 물을 주는 장면이다. 에스메랄다는
왜 콰지모도에게 물을 주었으며, 콰지모도는 물을 마시며
어떤 생각을 했을지 상상해서 써 보자.

....

....

....

....

....

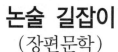

논술 길잡이
(장편문학)

❷ 다음은 콰지모도의 생김새를 묘사한 부분이다. 글을 읽고 콰지모도에 대해 떠오르는 이미지를 생각나는 대로 써 보자.

예배실 문에 뚫린 구멍으로 내민 얼굴은, 정말 이 세상 사람의 것이라고는 생각할 수 없을 만큼 흉측한 모습을 하고 있었다. 네모난 코에 말발굽 같은 입술, 한쪽 눈은 커다란 혹으로 가려져 보이지도 않았다. 누런 이는 듬성듬성 빠졌는데, 그 중 한 개는 코끼리의 어금니처럼 밖으로 삐져나와 있었다.

....

....

....

....

....

논술 길잡이
(장편문학)

❸ 콰지모도는 아기였을 때 버려져 클로드 부주교의 손에 길러졌다. 콰지모도가 클로드 부주교에게 발견되어 노트르담 성당의 종치기로 살아갈 때까지의 과정을 설명해 보자.

....

....

....

....

....

❹ 사람들이 콰지모도를 싫어하는 이유는 무엇인가? 또 싫은 사람을 떠올려 보고 왜 그 사람을 싫어하는지 써 보자.

....

....

....

....

....

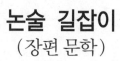

논술 길잡이
(장편 문학)

❺ 인물의 말과 행동을 통해 다음 인물들의 성격을 파악해 보자. 그리고 그 근거를 찾아 써 보자.

등장 인물	성격	근거(말이나 행동)
콰지모도		
에스메랄다		
클로드 부주교		
페뷔스		

논·술·세·계·대·표·문·학 〈전60권〉

펴 낸 이	정재상
펴 낸 곳	훈민출판사
주　　소	경기도 고양시 덕양구 원당동 416번지
대 표 전 화	(031)962-3888
팩　　스	(031)962-9998
출 판 등 록	제395-2003-000042호

이 책에 실린 글과 그림의 무단 복제 및 전재를 금합니다.